La cocina al vacío como herramienta de gestión

avanza editorial

Editado por:
EDITORIAL FAE, S.L.U.
Correo electrónico: editorial@editorialfae.com

La cocina al vacío como herramienta de gestión
Miren Iciar Madera Larrechea

1ª Edición

ISBN: 978-84-1135-270-3

Impreso en España

Presentación

Ficha técnica del curso

El presente manual desarrolla el contenido teórico de la acción formativa "La cocina al vacío como herramienta de gestión" incluida en FUNDAE con código HOTR0060 en la familia profesional de Hostelería y turismo dentro del Área Profesional de "Restauración".

La acción formativa cuenta con una duración de 35 horas y su contenido está estructurado en tres módulos formativos que se distribuyen según lo expuesto en el siguiente índice.

Presentación

Índice

Módulo 1. Cocina al vacío como herramienta para mejorar la gestión del departamento de cocina

Módulo 2. Cocina a baja temperatura

Módulo 3. Condiciones higiénico-sanitarias, medioambientales y prevención laboral en cocina

Módulo 1. Cocina al vacío como herramienta para mejorar la gestión del departamento de cocina

Introducción

La cocina al vacío o *sous vide* consiste en colocar un producto alimenticio en un contenedor hermético, del que se ha retirado el aire de forma parcial por lo que, la falta de oxígeno neutraliza la proliferación de microbios. Esta técnica al vacío y la cocción permiten un control de la temperatura interna de los alimentos, y así se optimizan las cualidades organolépticas.

En la cocina al vacío, los productos alimenticios reaccionan de manera diferente. Por ejemplo, las verduras cuando se someten al calor comienzan a perder agua, se ablandan y pierden estructura.

Así pues, el *sous vide* es una técnica que consigue resultados eficientes y, además, permiten al personal de cocina personalizar las preparaciones de los platos y darles un toque único.

Asimismo, a cada producto según sus criterios le corresponde una temperatura diferente de cocción y así se evitan pérdidas de texturas y nutrientes. Es decir, al someter un alimento a una temperatura de cocción exacta permite obtener una cocción casi perfecta y esto es imposible de conseguir con los métodos tradicionales de cocción.

Objetivos

- Aplicar la técnica del vacío y cocción, conservación, cocción a baja temperatura y regeneración de diferentes grupos de alimentos.
- Aplicar la técnica del vacío, como método de conservación y cocción, así como instrumento de mejora en la gestión del restaurante y en la eficiencia del personal de cocina.

1. Conceptualización de las técnicas usadas en la conservación y preparación de platos de cocina

Durante toda la historia de la humanidad, los alimentos se han conservado con la finalidad de mantenerlos comestibles más tiempo. No obstante, las técnicas empleadas ahora son muy diferentes a las usadas antes.

Por lo tanto, en la actualidad hay varias técnicas de conservación de alimentos que se usan para ralentizar el deterioro de los alimentos, alargar la vida de los alimentos y evitar intoxicaciones.

Fig. 1. La conservación de alimentos se lleva haciendo durante toda la vida con el objetivo de alargar su vida útil

En cuanto a los métodos de conservación a bajas temperaturas:

- **Refrigeración.** Consiste en reducir la temperatura entre los 0 ºC y los 5 ºC, y así las bacterias van a tardar más en multiplicarse y las enzimas de los alimentos trabajan de forma ralentizada.
- **Congelación.** La temperatura se reduce a -18 ºC, el agua se convierte en hielo y las bacterias no proliferan al no haber agua. No desaparecen, pero tampoco se multiplican.
- **Ultracongelación.** Los alimentos se someten a temperaturas inferiores de -40 ºC durante un periodo de tiempo breve como 2 horas máximo.

La ventaja de la conservación en frío es que se retrasa la aparición de gérmenes y los alimentos conservan las propiedades nutricionales. La desventaja es que no se eliminan los microorganismos, ya que pueden volver a activarse al descongelar los alimentos. Además, los alimentos se conservan durante un tiempo limitado y para su transporte se requiere de un sistema de refrigeración.

En cuanto a los métodos de conservación de alimentos a altas temperaturas se encuentran los siguientes:

- **Escaldado o ebullición.** Se trata de un paso previo a la congelación, sobre todo para las verduras, las cuales se sumergen durante unos segundos en agua hirviendo para eliminar los patógenos de la superficie y, después, realizar la congelación.
- **Esterilización.** Consiste en someter un alimento que ha sido envasado herméticamente a altas temperaturas para destruir totalmente los microorganismos y las esporas. Se lleva a cabo con la carne, las verduras, las frutas, las mermeladas, las cremas o las sopas.
- **Pasteurización.** Las temperaturas que se aplican están por debajo de los 100 ºC y, por lo tanto, no se eliminan de forma total los microorganismos ni las esporas. Se pasteurizan sobre todo los productos lácteos, los zumos y las cervezas.

 **Saber más**

Desde el punto de vista microbiológico, la esterilización es el método de conservación de alimentos más seguro, ya que consigue eliminar casi todas las bacterias, incluidas las esporas. La esterilización permite una vida útil más larga. Más de 4 meses y, dependiendo del tipo de alimento, este tiempo puede ampliarse hasta los 2 o 5 años. La pasteurización es el proceso mediante el cual los aromas no se volatilizan en exceso y el sabor y las propiedades nutritivas permanecen inalteradas.

En lo que se refiere a los métodos de conservación de alimentos modificando su cantidad de agua se pueden señalar los siguientes:

- **Deshidratación.** Consiste en la extracción parcial o total del agua de un alimento por medio de la aplicación de calor.

- **Desecado.** Se trata en conseguir que un alimento pierda la humedad una vez expuesto a condiciones ambientales naturales como el sol y así perder agua por medio de la evaporación. Por ejemplo, las pasas o el bacalao seco.
- **Liofilización.** Se somete al alimento a una congelación rápida y después se calienta al vacío y se elimina el agua. Es decir, se pasa de sólido a gas sin pasar por líquido.

 **Importante**

La deshidratación evita el desarrollo de los microorganismos y también limita la actividad de las enzimas.

Un método de conservación de alimentos mediante alta presión es la pascalización o presurización. Consiste en someter un alimento a una elevada presión hidrostática, lo que afecta a las membranas celulares y a la estructura de algunas proteínas y así conseguir desactivar los microorganismos sin alterar la calidad ni los nutrientes del alimento.

En cuanto a los métodos de conservación de alimentos por alteraciones químicas están:

- **En medio seco.** El ahumado que se trata de aplicar humo sobre los alimentos para evitar la proliferación de microorganismos por medio del efecto del calor. Se realiza en los quesos, pescados y embutidos. Salazón, consiste en cubrir el alimento con salmuera seca y así provocar la deshidratación del producto y evitar la proliferación de microorganismos.
- **En medio líquido.** El adobo se trata de un líquido de ingredientes como el aceite, las especias, la sal o el vinagre. Se aplica en frío recubriendo el alimento crudo y así protege la comida del oxígeno y el vinagre evita la proliferación de microorganismos. El encurtido, por otra parte, consiste en sumergir el alimento en sal y vinagre y se suprime el desarrollo de los microorganismos.

Por otro lado, se encuentran los métodos de conservación de alimentos mediante aditivos, los cuales son sustancias que se añaden a los alimentos para mejorar el sabor, la textura o la conservación.

Pueden ser sustancias de origen natural o de origen sintético, por ejemplo, los antioxidantes que evitan la degradación química de los alimentos. Se usan en las mahonesas o las margarinas. Los conservantes evitan la degradación biológica de los alimentos destruyendo los hongos, las bacterias y las levaduras.

 **Saber más**

Un antioxidante natural utilizado habitualmente en las elaboraciones de cocina es el ácido ascórbico o vitamina C (presente de forma natural en el zumo de limón).

Por último, se enumeran los métodos de conservación de alimentos mediante el control de la atmósfera:

- **Envasado al vacío.** Consiste en eliminar todo el aire que hay en el recipiente en el que se guarda el alimento. Así, se frenan los procesos de oxidación y la proliferación de microorganismos.
- **Envasado en atmósfera modificada.** Una vez hecho el envasado del alimento al vacío, se introduce una mezcla de gases para eliminar el oxígeno o modificar el porcentaje de gases del aire.

Los gases que suelen utilizarse son el carbónico (CO_2) y el nitrógeno (N_2). El carbónico tiene un cierto poder conservante por sí mismo, mientras que el nitrógeno es un gas inerte que lo único que hace es actuar de "relleno" para que los alimentos no queden chafados como si estuvieran al vacío.

 **Ejemplo**

Las bolsas de patatas fritas, en las cuales se insufla nitrógeno, porque para que no se enrancien se debe eliminar el oxígeno. Por tanto, se debe introducir un gas que evite que la bolsa quede al vacío y se chafen las patatas.

Fig. 2. El envasado al vacío consiste en eliminar el aire que hay dentro del envase

En lo que se refiere a las técnicas culinarias, son los procesos que se aplican a los alimentos hasta su cocinado final.

A continuación, se describen algunas de las técnicas más populares:

- **Hervir.** Consiste en cocer los alimentos en agua a una temperatura de 100 ºC. Para mantener los nutrientes se debe comenzar la cocción una vez el agua está en ebullición.
- **Blanquear o escaldar.** Consiste en cocer de forma breve un alimento en agua hirviendo partiendo de agua fría.
- **Cocinar al vapor.** Se trata de cocinar los alimentos sin sumergirlos en agua. La cocción se logra por medio del vapor de agua, los alimentos se colocan en una vaporera encima del agua. Al hervir el agua, el vapor asciende y se introduce en los alimentos.
- **Pochar o escalfar.** Se trata de introducir el alimento en líquido caliente antes de que llegue al punto de ebullición y empiece a hervir. Es posible escalfar con agua, vinos, zumos, salsas o leches.
- **Freír.** Los alimentos se introducen en aceite a una temperatura muy alta y así se cocinan.
- **Saltear.** Consiste en cocinar o freír los alimentos a una temperatura muy alta y con poca grasa.

- **Estofar.** Consiste en cocinar los alimentos en grasa y su propia salsa a una temperatura no superior a 100 ºC en una cazuela con tapa para que el líquido no se evapore y así conservar los sabores y aromas.
- **Asar.** Al horno, a la parrilla o a la brasa.

2. Conocimiento acerca del mantenimiento y gestión de equipos y la maquinaria necesaria para la elaboración de los productos

La cocina al vacío se refiere a la cocción a una temperatura baja, constante y uniforme. No obstante, para elaborar platos con esta técnica se usan una serie de aparatos y herramientas.

A continuación, se destacan las siguientes herramientas usadas en esta técnica:

- Las bolsas de cocción.
- Máquinas para envasar al vacío o envasadora.
- Baño termocirculador u horno mixto.
- Baño maría invertido o abatidor de temperatura.
- Abatidor de temperatura o baño maría invertido.
- Cámara de estocaje o cámara frigorífica.
- Etiquetadora o rotulador.

En cuanto a las bolsas de cocción, hay que tener en cuenta que no todas las bolsas de envasado al vacío sirven para cocinar. La diferencia está en la composición del plástico que determina la resistencia a las temperaturas. Las que se usan para cocinar al vacío admiten temperaturas en un rango de -40 ºC a 121 ºC.

 **Saber más**

Aparte de este tipo de bolsas, se distinguen otras dos que pueden ser utilizadas en una máquina de envasar al vacío.

- **Bolsas de conservación:** Las que se usan para conservar productos refrigerados o congelados. No deben utilizarse nunca para cocinar.
- **Bolsas retráctiles:** Se emplean para sujetar aquellos alimentos que requieren mantener su forma durante su proceso de cocción.

En cuanto a la máquina de envasar al vacío, permite envasar alimentos en bolsas de plástico, cuyos objetivos son conservar la frescura, las características nutricionales y cocinar los alimentos en las bolsas al vacío.

Se trata de una máquina que saca todo el aire de las bolsas para evitar la formación de bacterias y microorganismos. Funciona por medio de una bomba de vacío que absorbe todo el aire de la bolsa y del producto.

El termocirculador es un termostato que asegura unas temperaturas muy precisas. Consiste en un dispositivo que tiene agua en su interior y mantiene una temperatura constante con la finalidad de cocinar al baño maría de forma controlada.

En cuanto al horno mixto, dispone de varias opciones como la del vapor, que es la que se usa para cocinar al vacío. Se usa para preparar platos que requieren temperaturas entre 80 ºC y 100 ºC. Es muy útil y práctico, ya que caben más bolsas en el interior para su cocción.

El abatidor de temperatura se usa para realizar un abatimiento de temperatura. Consiste en un armario frigorífico en cuyo interior hay aire frío en movimiento con la finalidad de hacer descender la temperatura del producto.

El baño maría, se usa si se trabaja en pequeñas cantidades. Consiste en usar un recipiente con agua fría y tiene el objetivo de conseguir un enfriamiento del plato elaborado.

En cuanto a la etiquetadora o rotulador, es conveniente fechar la elaboración, colocar el nombre exacto y la fecha de caducidad, la cual se determina según el tiempo y la temperatura con la que se haya cocinado el producto. Existen tablas que indican los días de caducidad.

Ejemplo

Para escribir se pueden utilizar un rotulador permanente apto para esta función. Si se trata de producciones industriales existen unas máquinas etiquetadoras profesionales.

La cámara de estocaje se trata del lugar en el que se conservan los alimentos una vez han sido envasados al vacío, es decir, un frío constante de 3 ºC.

Cuando se dispone de un negocio de hostelería, el mantenimiento de las instalaciones y de la maquinaria es fundamental, tanto para aumentar la vida útil del equipo como para mejorar la seguridad y la eficiencia del negocio.

Cada negocio cuenta con unos criterios de mantenimiento, aunque hay también unas recomendaciones generales de mantenimiento para todos los equipos.

A continuación, se enumeran algunas de las recomendaciones de mantenimiento generales:

- Revisar los manuales de funcionamiento de los equipos.
- No usar instrumentos metálicos para quitar los residuos adheridos a la superficie ni instrumentos abrasivos.
- No tirar agua sobre los dispositivos electrónicos de la cocina.
- Cuando el equipo que posee vidrio está caliente, evitar aplicar agua.

Fig. 3. Un mantenimiento preventivo a tiempo aumenta la durabilidad de los equipos, mejora rendimientos y reduce costes

En lo que se refiere a la higiene, debe realizarse una limpieza diaria del equipo. No obstante, semanalmente hay que llevar a cabo una limpieza más profunda teniendo en cuenta los siguientes aspectos:

- Retirar los residuos que se han adherido a las superficies.
- Disolver los residuos y grasas mediante compuestos químicos y orgánicos. Residuos que se generan durante los procesos de cocción. Esta limpieza debe realizarse al final de la jornada laboral.

En lo que se refiere a las etapas de los procesos de limpieza, se distinguen las siguientes:

- Retirada de residuos gruesos, que consiste en remover partículas gruesas de forma manual.
- Aplicación de agentes químicos (detergentes, desengrasantes, etc.), realizado de modo manual o mecánico.
- Enjuague o aclarado de manera manual o automática con agua para retirar el agente químico aplicado.
- Desinfección mediante un agente químico para eliminar microorganismos contaminantes.
- Enjuague final.
- Secado que se realiza de modo manual o mecánico, para evitar el crecimiento de microorganismos que puedan reproducirse y contaminar los alimentos elaborados en los mismos.

En cuanto a los tipos de mantenimiento de equipos en la industria de alimentos, destacan los siguientes:

- **Mantenimiento preventivo.** Se enfoca en verificar el funcionamiento del equipo, es decir, cambio de piezas que están desgastadas o cambios de aceites.
- **Mantenimiento correctivo.** Consiste en localizar averías y repararlas de forma inmediata.
- **Mantenimiento productivo.** El objetivo es evitar la contaminación de los alimentos durante la manipulación.

3. Explicación del vacío como herramienta para mejorar la gestión de un restaurante

La cocción al vacío consiste en una técnica donde los alimentos se cocinan envasados al vacío durante un periodo largo de tiempo en un baño de agua a una temperatura baja pero constante. Existen equipos especializados para cocinar pescados, aves, verduras, frutas, etc., al vacío o *sous vide*, que es el término francés.

La técnica de la cocción al vacío ha sido un gran avance en el ámbito de la cocina. Se originó en Francia y comenzó a usarse en 1970. Al principio, se usaba para alargar la vida útil de los productos.

Más adelante se llegó a la conclusión de que envolver algunos alimentos en plástico apto para alimentos y luego cocinarlo a diferentes temperaturas mejoraba la calidad del alimento y el alimento no perdía peso. El chef Pralus fue considerado el padre del *sous vide* y fue quien presentó la técnica a otros chefs.

Fig. 4. La cocina al vacío requiere de una duración y una temperatura específica para cada alimento

 **Saber más**

Debido a los avances en el campo técnico y al aumento de la oferta de tecnología de cocción al vacío, la compra de un aparato al vacío es cada vez más accesible, especialmente para uso privado. Una calidad que antes solo se alcanzaba en un restaurante de primer nivel, ahora también se puede encontrar en casa en su cocina.

A continuación, se describe brevemente el proceso de cocción al vacío paso a paso:

- Preparar el equipo *sous vide* antes de comenzar a cocinar.
- Colocar agua templada en el recipiente *sous vide*. El agua debe estar según las cantidades que se especifiquen.
- Encender el dispositivo y establecer la temperatura de cocción y el tiempo. Cuando el agua haya conseguido la temperatura exacta sonará una señal acústica cuando esté lista.
- Preparar el producto según los pasos de acuerdo al tipo de producto.

 **Ejemplo**

Un solomillo necesita una preparación diferente a un filete de salmón. Por eso es importante que cada tipo de producto se trate de la forma correcta.

En cuanto a los tiempos y las temperaturas al vacío, cada alimento tiene una temperatura y un tiempo perfecto.

A continuación, se especifican los tiempos y temperaturas de productos cárnicos más comunes:

- **Costillas de cerdo:** 74 grados durante 8 horas.
- **Solomillo de cerdo:** 55 grados durante 90 minutos.
- **Carne de cerdo desmenuzada:** 70 grados durante 24 horas.
- **Filete (medio crudo):** 54-57 °C durante 50 minutos.

3.1. Posibilidades y aplicaciones del vacío

Las ventajas que se consiguen al extraer el oxígeno del entorno en el que está el alimento son varias, por ejemplo, proteger el alimento de la humedad del aire, evitar la oxidación que se produce al contacto con el oxígeno y ralentizar la actividad enzimática.

Por lo tanto, los alimentos se conservan más tiempo que si se encuentran en el congelador, nevera o al aire libre, es decir, el vacío mejora la conservación. El envasado al vacío no somete a los alimentos a temperaturas extremas y no se requiere la adición de productos químicos.

En consecuencia, se mantienen íntegras las propiedades de los alimentos, siendo un método perfecto cuando se cuida una alimentación lo más natural posible.

La técnica del vacío hace que alimentos que antes no tenían un método de conservación ahora pueden guardarse en una estación de vacío o cámara para mantenerlos conservados durante más tiempo, por ejemplo, bollería o pastelería, los cuales envasados al vacío aumentan su duración. Los alimentos deshidratados mantienen su textura y productos como las legumbres o frutos secos no envejecen.

Otra característica de esta técnica es la gran versatilidad, es decir, tres temperaturas y tres envasados: en las tradicionales bolsas (3 tamaños), en contenedores de vacío (3 tamaños) y el novedoso concepto de la estación base (de gran capacidad).

Las tres temperaturas son a temperatura ambiente con la estación de vacío, bolsas o contenedores, en nevera, con bolsas y contenedores o en congelador, y también con bolsas y contenedores.

Otra característica es la gran facilidad de uso. Las bolsas y contenedores se sellan al vacío con una aplicación del adaptador que conecta la estación base con la válvula del contenedor.

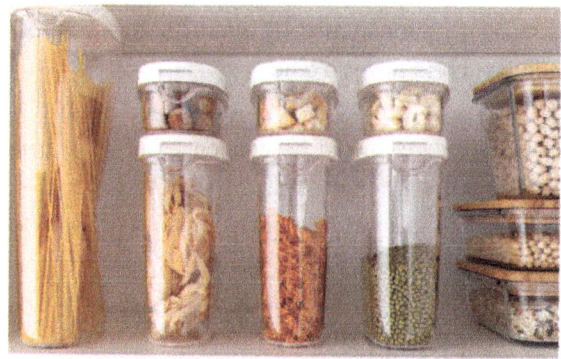

Fig. 6. Existen recipientes especiales para mantener los productos alimenticios al vacío y así alargar su vida útil

A continuación, se describe un dispositivo que ayuda a evitar la oxidación de los nutrientes con tendencia a oxidarse, la batidora al vacío. Al triturar los alimentos, aumenta la exposición al aire y este contacto provoca la oxidación.

Para evitar esto, antes de triturar se realiza el vacío en la jarra y así la trituración se realiza en ausencia de oxígeno. El resultado es un batido que mantiene el color, el sabor y el olor.

Además, esta batidora incorpora una jarra sin cuchillas, a la que también se puede hacer el vacío. Esta jarra sirve para guardar parte del batido que no se vaya a consumir, y guardarlo en la nevera o llevarlo fuera en nuestro bolso o mochila. Por supuesto, se puede guardar cualquier otro alimento al vacío en esta jarra.

3.2. Identificación de otras aplicaciones al vacío

Cocinar al vacío consiste en cocinar a baja temperatura y, por lo general, se realiza en bolsas selladas al vacío, aunque se pueden usar recipientes.

No obstante, en la actualidad se confunde con la cocina a baja temperatura y de manera frecuente se refiere a cualquier cocina realizada a temperatura controlada e inferior a los 90 ºC, ya sea utilizando una bolsa al vacío o no.

Así pues, en la cocina al vacío, el medio de cocción es el agua donde se sumerge el recipiente donde se encuentra el alimento al vacío. Por el contrario, en la cocina a baja temperatura, el medio puede ser otro, por ejemplo, el aceite y el alimento no necesariamente debe estar envasado al vacío.

Fig. 7. El envasado al vacío es una técnica de conservación efectiva, no es adecuada para toda la comida

 **Saber más**

La cocina al vacío y la cocina a baja temperatura ofrecen un control incomparable sobre lo que se esté tratando de cocinar, ya sean carnes, pescados, mariscos o verduras. Con los alimentos de cocción más rápida como chuletones, aves y pescados, la cocina al vacío elimina todas las conjeturas de los métodos tradicionales y permite resultados perfectos cada vez.

Ambas técnicas permiten lograr resultados mejores imposibles de conseguir con métodos más tradicionales. Es decir, se conservan mejor los sabores y los nutrientes de los alimentos. Por ejemplo, el caso de las verduras, se logra una menor pérdida de nutrientes y vitaminas, mejores texturas.

Las claves para ambas técnicas son las siguientes:

- Una temperatura precisa y controlada.
- Temporizadores para poder controlar los tiempos de cocción, ya que a veces son muy largos.
- Algo de equipamiento específico.

En cuanto al equipamiento básico se destacan los siguientes:

- **Termocirculador.** Se trata de un calentador de agua de precisión que toma el agua del recipiente en el que se coloca, la calienta y la devuelve al recipiente de la que la ha tomado. Son dispositivos portátiles, fáciles de guardar y ocupan poco espacio. Para usarlo se necesita una cubeta u olla donde colocarlo y que contenga el agua.

- **Máquina *sous vide*.** Se trata de una máquina con un elemento que calienta y una placa fabricada para crear corrientes eléctricas para mantener el agua, que hay en el interior, a una temperatura controlada y precisa. Además, lleva incorporada una cubeta aislada que se rellena de agua y un elemento que calienta esa agua.

  También lleva un temporizador que se ajusta en ciclos de 0 a 99 horas y una tapa para evitar la evaporación y creación de vapor en la estancia. Es un sistema que no emite ruido y no es necesario ni un recipiente o cubeta en el que crear el baño maría. La desventaja es que ocupa más lugar en la cocina.

- **La olla de cocción lenta.** Se trata de una olla de cocción lenta, aunque no está pensada para mantener una temperatura moderadamente baja y controlada durante mucho tiempo. Muchas no llevan termómetro para regular la temperatura. Se basa en el principio de emitir energía para mantener la olla llena en una temperatura segura.

En cuanto a otras herramientas y utensilios necesarios, se destacan los siguientes:

- **Envasadora al vacío y bolsas de vacío.** Deben ser aptas para soportar temperaturas hasta 75 ºC.
- **Rack.** Se trata de separadores muy útiles para separar y mantener la posición correcta de las bolsas o porciones.
- **Pinzas.** Se usan para sacar las bolsas o los alimentos del medio de cocción sin quemarse.
- **Termómetro de sonda.** Se usa para cerciorarse de que el alimento se está cocinando a la temperatura deseada.

4. Descripción de atmósferas modificadas: la IV gama

La IV gama son los productos que se han sometido a un proceso mínimo, es decir, lavado, cortado y envasado en atmósfera modificada. Además, se conservan mejor.

Los principales productos de la IV gama son las verduras y las frutas, productos frescos y naturales que llegan a los hogares de forma más práctica y son más fáciles de usar. Lo único que estos productos son tratados por medio de la limpieza o el corte.

Para ello, la selección de la materia prima es esencial, es decir, el estado de madurez del fruto y el diseño del proceso, es decir, tiempos precisos, máquinas adecuadas, etc.

Asimismo, estos productos llevan el mínimo procesado para así obtener una mejor conservación y alargar la vida útil del producto.

Fig. 8. Los productos de gama IV son los que requieren el mínimo cambio de sus propiedades, nutrientes y envasado

Además, el tratamiento de los alimentos de IV gama permite disponer de productos sin modificación de sus características nutricionales u organolépticas. Por ejemplo, las manzanas a las que se les aplica una capa comestible que alarga la vida útil del producto.

Asimismo, debido al mínimo procesamiento del producto y al ser envasado en atmósfera modificada, los productos frescos se conservan mejor y durante más tiempo.

Anotación

Cada vez se ven más productos IV gama en nuestras tiendas habituales. Así, es cada vez hay más oferta y también más demanda. Los productores han visto en este tipo de productos el modo de poder aumentar sus ventas, y los consumidores han visto el modo de poder consumir productos sanos de un modo más práctico. Oferta y demanda se han encontrado, y hoy estos productos representan un volumen de negocio de 180 millones de euros en España aproximadamente.

A continuación, se destacan las principales ventajas de los productos de gama IV:

- Materia prima de la más alta calidad.
- Conservación de las propiedades saludables como los minerales o las vitaminas.
- Limpieza y desinfección para disminuir los microorganismos y no se añaden conservantes.
- Envase transparente del producto.
- Facilidad de consumo y no se estropean rápido, ya que vienen preservados en una atmósfera modificada que los protege de la oxidación natural.

A continuación, se describen las principales operaciones de obtención de los productos de IV gama como la manipulación, recolección, procesado, distribución industrial o preparación:

- **Recolección.** La manipulación y la recolección dependen del producto. Determinadas hortalizas y frutas requieren una manipulación especial, de ahí que muchos alimentos de IV gama se recojan a mano.
- **Procesado en el lugar de producción.** Como la observación de defectos, estado de madurez del producto o el tamaño. Se usa aspersión de agua para eliminar suciedad e insectos. Muchos de los residuos químicos que hay en la fruta se eliminan con los tratamientos fitosanitarios.
- **Transporte.** Los productos que son perecederos deben ser transportados de manera muy rápida. El empaquetamiento del producto depende del producto, a granel o de forma envasada.
- **Recepción.** En este momento se suele romper la cadena del frío y, por lo tanto, se debe tener mucho cuidado de que no se pierda la calidad del producto. Una vez hecha la recepción del producto, debe colocarse de forma inmediata en el área de almacenamiento adecuado según las características de enfriamiento que necesite el producto.

 **Importante**

Es necesario colocar las frutas y verduras de forma rápida en la cámara frigorífica para que no se rompa la cadena del frío.

En lo que se refiere a las operaciones de preparación, el principal objetivo es asegurar la calidad y la seguridad de los productos a las personas consumidoras.

Las características son las siguientes:

- **Selección, calibración y categorización.** Fase en la que se estandarizan los productos acabados antes de la compraventa. Se deben tener en cuenta la forma, el color, el aroma, la composición química o la alteración, entre otros.

- **Limpieza, lavado y desinfección.** En algunas hortalizas y frutas pueden ser considerados tratamiento de conservación. Por medio de la limpieza se eliminan los materiales como la suciedad o la arena. El lavado se lleva a cabo en cámaras aisladas para que no haya contacto humano. Se usa el agua a una temperatura de 3º a 4º y se usa hipoclorito de sodio para eliminar las bacterias y los virus.
- **Pelado.** Se puede realizar a través del vapor o agua caliente, o con lejía.
- **Cortado o troceado.** Las frutas y hortalizas llegan en cintas transportadoras o de forma centrífuga a las cuchillas de corte dispuestas en posición horizontal o vertical.
- **Mezclado y preparación.** Alimentos como las ensaladas requieren de una preparación y mezcla antes de ser envasados.
- **Envasado.** La venta de estos productos se lleva a cabo en bolsas, bandejas recubiertas por plástico, etc. El envasado se lleva a cabo en una atmósfera modificada, con una mezcla de gases con disminución de oxígeno del aire y con aumento de la concentración de nitrógeno o dióxido de carbono.

 Saber más

El envasado en atmósfera modificada, de productos frescos y mínimamente procesados, proporciona la suficiente concentración de oxígeno y dióxido de carbono en el envase para así ir reduciendo de forma progresiva la velocidad de respiración de los productos sin llegar a inducir aerobiosis. Posteriormente, se disminuye la temperatura del envasado para aumentar la vida del producto fresco procesado.

5. Explicación del mise en place

Mise en place es un término francés que se traduce literalmente como poner en su lugar o preparar en su lugar.

En el ámbito de la cocina y la gastronomía, es una práctica esencial que consiste en la organización previa y la preparación de los ingredientes, herramientas y utensilios que van a usarse para elaborar un servicio o un plato.

 **Importante**

En cocina se necesita una organización previa para realizar un encaje de tiempos y finalizar a una hora concreta desde una hora establecida. Este principio se aplica de manera general en el ámbito de la restauración, donde cada proceso en el restaurante tiene su mise en place.

Las ventajas del mise en place son las siguientes:

- **Eficiencia y fluidez.** Se ahorra tiempo en el servicio, ya que todo está preparado, lo cual permite al personal de cocina enfocarse en la preparación de los platos y la presentación,
- **Calidad.** La preparación asegura de que los ingredientes estén listos para ser usados en el momento justo.
- **Orden y limpieza.** Se crea un lugar de trabajo limpio y organizado, lo cual asegura la higiene y la seguridad alimentaria.
- **Mayor productividad.** El trabajo en equipo es más productivo y se mejora el rendimiento general de la cocina.
- **Adelantar posibles problemas.**

A continuación, se describen algunos tipos de mise en place.

En restaurantes se distinguen dos: de cocina y de sala. En cocina se debe llevar una adecuada organización de todos los utensilios e ingredientes a utilizar en cada receta.

En primer lugar, se deben analizar detenidamente las recetas a elaborar: ingredientes, materiales a usar, tiempos. Se deben identificar las elaboraciones que tardan más tiempo y determinando cuál será su método de conservación si se quiere mantener la calidad alargando el producto en el tiempo.

Realizando esta medición ya se puede saber si una elaboración la se puede hacer en grandes cantidades o en menor medida, y así encajarlas adecuadamente en el tiempo, ya sea mensual, semanal o diariamente, para planificar una eficiente mise en place.

En cuanto al mise en place en sala, consiste en una preparación fundamental del área del comedor de un restaurante para garantizar que el servicio sea de alta calidad, fluido y eficiente.

Se trata de preparar y organizar todos los elementos necesarios para que el servicio salga perfecto. Un maître debe tener todas las cartas redactadas de forma correcta y en orden. La clientela debe estar organizada en orden de llegada y el personal de sala debe tener las tareas asignadas de forma clara.

A continuación, se enumeran algunas variables de mise en place en sala:

- **Mise en place en sala de venta convencional.** Consiste en la preparación de mesas, ajustar sillas, colocar manteles, cristal limpio y cubiertos ordenados; revisión de utensilios y equipos; copas, platos, etc., limpios; cartas en buenas condiciones; reparación de estaciones de servicio para el personal de sala en el caso de que se necesiten (lo cual agiliza el servicio); coordinación con el personal de cocina; atención al cliente; saludar y recibir a la clientela; poner atención a las necesidades durante la estancia y resolver las dudas y posibles problemas.
- **Mise en place para en sala de venta tipo buffet.** Consiste en mantener un flujo constante de alimentos y asegurar que los platos estén bien presentados. Es decir, organizar los alimentos en estaciones, preparar cantidades suficientes y reponer de forma constante.
- **Mise en place para catering.** Preparación y organización de los platos para el evento, por ejemplo, transporte y montaje de alimentos y estaciones de comida y preparación de los platos en el lugar del evento.

6. Aplicación de técnicas de gestión a la hora de dirigir al personal de cocina

El éxito de un restaurante depende de muchos factores, por ejemplo, el personal, las instalaciones, el marketing, aunque el núcleo principal de un restaurante es la cocina.

Por lo tanto, gestionar la cocina de un restaurante es una cuestión clave en todo negocio de hostelería. Ahora bien, para llevar a cabo esa gestión se necesitan una serie de habilidades, tales como liderazgo, conocimiento del sector, planificación, organización y vocación.

Algunas de las pautas para gestionar la cocina de un restaurante son las siguientes:

- **Organización.** Consiste en distribuir los recursos y así conseguir mejores resultados. Los recursos como los utensilios, el espacio o el personal. Se debe elaborar un plan en el que cada persona y objeto tiene que tener su lugar.

- **La distribución de las áreas de trabajo.** La fluidez en el tránsito de materiales, procesos y personas es fundamental. La cocina debe estar vacía de obstáculos para que todo fluya. Para lograr esto se deben definir trayectorias de alimentos, residuos y personal en línea recta.

- **Sistema de compras.** Tiene relación con el control del stock, es decir, supervisar el consumo de productos, conocer las reservas, etc., permite prever las compras.

- **Los costes.** Los gastos fijos y variables del restaurante van a determinar los precios de los menús. Además, en la cocina el cálculo de los precios debe ser preciso. Para organizar estos, lo ideal es crear fichas de cada plato que esté en la carta con los ingredientes, el tiempo de preparación y cocción. A partir de esas fichas, se crean informes donde se registran los precios exactos de todos los ingredientes que lleva el plato.

- **Gestión del personal de cocina.** Se debe comenzar definiendo cuantas personas son necesarias y qué papel van a tener. Capacitar al personal es tarea de la cocina del restaurante. A pesar de tener estudios y experiencia, es necesario unificar las reglas de la cocina y el sistema de trabajo. Además, es conveniente realizar reuniones frecuentes para asignar las funciones de cada persona y cómo realizar el trabajo.

- **Orden e higiene.** Ambos aspectos son esenciales para que un restaurante funcione. En la cocina, cada herramienta y utensilio debe estar en su lugar, por ejemplo, en la cámara del frío, las estanterías se agrupan por temperaturas y por naturaleza de los productos. En cuanto a la higiene, se deben pensar muy bien los productos para limpiar cada área.

Fig. 9. La distribución de las tareas entre el personal de un restaurante es fundamental para el éxito del restaurante

 **Saber más**

Un buen sistema de compras supone también la elección de los proveedores. ¿Cómo se define un buen proveedor? Precio, calidad y cumplimiento con las entregas con tres condiciones a tener en cuenta. Con buenos proveedores y conocimiento de los depósitos, el sistema de compras se activará y la falta de insumos no será un problema.

Otro aspecto fundamental en el éxito de un negocio es la relación entre el personal.

A continuación, se mencionan algunas recomendaciones:

- **Contratar al personal adecuado.** El personal que se contrata debe estar dispuesto a trabajar, tener formación necesaria para el puesto y vocación. Las personas deben ser responsables, alegres, atentas y amables.
- **Capacitación y entrenamiento.** Se debe dejar claro lo que se espera de cada persona y especificar muy bien sus funciones. Una vez establecidas las tareas, se debe formar al personal para que se adapte al nuevo sistema de trabajo.

 **Importante**

La gestión de personal requiere mucha paciencia y mucha habilidad y no se trata de que el trabajador se sienta criticado constantemente. Al contrario, la motivación y el refuerzo positivo son habilidades importantes en la gestión del restaurante.

En cuanto a la gerencia del restaurante., la persona encargada debe tomar un rol de dirección. En algunos negocios este rol tiene muchas funciones, por lo que es posible que la persona de dirección delegue algunas funciones al personal.

Al personal se debe explicar los objetivos y la filosofía del negocio y así instaurar motivación y que se sienta involucrado dentro del negocio. Es conveniente realizar reuniones de forma periódica para exponer los objetivos semanales y mensuales.

Fig. 10. El personal responsable del restaurante debe comunicarse de forma empática con el resto del personal

Asimismo, el personal responsable del negocio debe adoptar buenos hábitos como responsable e involucrar al personal en las tareas. Así, el personal sabe que la persona responsable está a su disposición y se puede comentar cualquier duda o problema que surja.

Por otro lado, el personal debe sentir que es valorado por la empresa, sobre todo, en la cocina de los restaurantes, donde el nivel de exigencia y la presión son muy altos. Debido a esto, es fundamental que la persona responsable dedique unas palabras al personal en agradecimiento por el trabajo que está haciendo.

7. Identificación de las ventajas atribuidas al vacío para la reducción de mermas

Las mermas son los restos que quedan después de la manipulación de alimentos o restos que han sido acortados o reducidos, por ejemplo, los sobrantes de verduras picadas o los restos de una pata de jamón.

No obstante, aunque es una pérdida que no se refleja en los libros de contabilidad, sí se evidencia en el stock final o como existencia real. Por lo tanto, es necesario saber gestionar las mermas si se dispone de un negocio de hostelería.

Fig. 11. Las mermas surgen en todos los tipos de productos que se manipulan en un restaurante

Las mermas se dividen en dos tipos: mermas naturales y mermas operativas. La merma operativa se refiere a la que genera la manipulación diaria de un producto, es decir, errores de elaboración, cálculos incorrectos, mano de obra o descuidos, y la que se origina mientras se cocina o elabora el producto, por ejemplo, la limpieza de verduras o desperdicios de carne.

La merma natural se refiere a la que tiene fecha de caducidad como productos envasados y productos perecederos como frutas y verduras.

 **Saber más**

Los productos perecederos, los crudos, y cualquier otra materia prima, sufren pérdidas adicionales cuando se transforman, es decir, cuando se someten a modificaciones por medio de cocciones, marinados u otras técnicas de elaboración.

Una buena noticia acerca de las mermas es que se pueden gestionar y controlar. No obstante, se debe determinar un plan y una estrategia con el objetivo de disminuir el impacto en las facturas. Por lo tanto, se deben usar las herramientas necesarias para cada tarea del proceso de producción de los platos.

Al manipular un producto se deben tener en cuenta las pérdidas. Por ejemplo, si se compran 10 kg de carne, pero se quitan la grasa, los nervios y los huesos, se queda la final en 7 kg.

Asimismo, para las salsas y postres es conveniente usar una manga pastelera con la boquilla adecuada para maximizar el resultado y reducir las pérdidas.

Por lo tanto, saber optimizar las mermas es uno de los objetivos y retos de la gestión de las mermas. Además, es necesario conocer las rutinas de elaboración para optimizar el consumo y los resultados.

También se debe tener muy en cuenta la reutilización, es decir, los platos que se crean del excedente de otros como las empanadillas de verduras o las croquetas de carne de cocido. Si la merma está en buenas condiciones, no hay límites para la creatividad y la imaginación.

La técnica del vacío es perfecta para conseguir productos con texturas y sabores únicos debido a que son cocinados de forma homogénea.

A continuación, se enumeran algunos de los beneficios de la cocina al vacío:

- Los alimentos solamente se reducen un 10% de tamaño durante la cocción.
- La técnica del marinado se desarrolla de una manera muy rápida. Esta técnica consiste en cocinar, por ejemplo, la carne, con especias y vino.
- La comida cocinada al vacío está más sana y sus propiedades no se alteran, ya que ha sido cocinada sin contacto con otros elementos.
- La técnica de la cocción al vacío alarga de forma significativa el buen estado de la comida.

Hoy en día, muchos restaurantes utilizan esta técnica debido a sus numerosos beneficios, entre los cuales se distinguen los siguientes:

- Higiene y seguridad. Higiene de los alimentos debido a que esta técnica evita la proliferación de bacterias que influyen en la descomposición de los alimentos. Además, se trata de una técnica segura, ya que la cocción se realiza a baja temperatura.
- Es una solución para las cadenas de restaurantes, es decir, los restaurantes que tienen varias sucursales. La cocción se realiza en uno de los restaurantes y después, se distribuye al resto.
- Es una técnica que permite que los alimentos conserven el aroma, el color y el sabor intactos, además de todos los nutrientes.
- Las carnes lograr una máxima jugosidad, una textura sorprendente que no sería posible por medio de otras técnicas de cocción.
- Reducción del consumo de energía, lo que impacta de forma positiva en el medio ambiente.
- Permite tener reservas de alimentos para posibles imprevistos que puedan surgir, por lo que, se ayuda a la organización del trabajo en la cocina y a disminuir el desperdicio en cocina.

Anotación

La cocina al vacío permite tener reservas de alimentos en caso de que surgieran imprevistos.

Asimismo, para los restaurantes, esta técnica de cocción al vacío es una alternativa extraordinaria a la hora de la elaboración de los platos de la carta, es decir, cuando una persona pide un plato específico, que no es uno de los más solicitados en el restaurante, el plato en cuestión está listo para calentar y servir.

8. Conservación de carnes, pescados y vegetales frescos

Las propiedades nutricionales de los productos que son envasados al vacío permanecen intactas, del mismo modo que las características organolépticas.

No obstante, la carne es una excepción, ya que, si se altera su color, pasa del rojo intenso que tiene normalmente la carne a un tono más oscuro, aunque su tonalidad se recupera una vez se expone al aire, en unos 30 minutos. Esa falta de oxígeno es la que origina el cambio temporal de color que vuelve a un tono normal al estar en contacto con el aire.

Fig. 12. La oxidación se produce debido a la entrada del producto en contacto con el aire

Hay que tener en cuenta que el color resultado de la conservación de la carne al vacío es diferente del color marrón que toma la carne cuando está en mal estado, que se debe a la oxidación de los nutrientes. Por el contrario, a la carne envasada al vacío se le elimina el oxígeno para evitar el proceso de oxidación.

Por otro lado, el envasado al vacío no evita la proliferación de las bacterias anaerobias, pero el envasado al vacío combinado con refrigeración evita el crecimiento de las bacterias. También, el proceso de vacío elimina los olores desagradables y la destrucción de vitaminas sensibles al oxígeno.

Anotación

Las bacterias anaerobias son las que no necesitan oxígeno para multiplicarse, como los Clostridium o las Listerias, que crecen de manera mucho más lenta.

Ejemplo

La ternera envasada al vacío puede durar hasta 10 días en el refrigerador, y meses en el congelador.

En cuanto a la conservación del pescado fresco al vacío, es una técnica sencilla que consigue mantener las características nutricionales, de sabor y organolépticas sin alterar.

El envasado al vacío lo que hace es prevenir la proliferación de bacterias, el deterioro de los alimentos y la oxidación. Gracias a la eliminación de oxígeno y aire del envasado se consigue la eliminación de bacterias y mohos.

Saber más

Al envasarlos al vacío, privándolos así de oxígeno, los alimentos se pueden almacenar hasta 5 veces más e incluso cuando se almacenan en el congelador, se evitan las quemaduras por congelación y el sabor y la calidad se mantienen sin cambios.

En cuanto a la conservación de pescado fresco al vacío, se puede mantener durante unos 5 o 6 días sin sufrir alteración de las características. Si se congela, el tiempo de duración y conservación se multiplica por 5.

Del mismo modo, el envasado al vacío es un aliado en la cocina, ya que ayuda a calcular las porciones de alimentos. Por lo tanto, los platos ya cocinados pueden ser conservados de forma más fácil y pueden ser consumidos cuando sea necesario.

En cuanto a la conservación de frutas y verduras, antes de ser conservadas deben ser escaldadas y a continuación, ser guardadas en el congelador.

En consecuencia, es aconsejable seguir los siguientes pasos:

1. Antes de escaldar las verduras se deben limpiar de forma adecuada, eliminando todo resto de tierra o suciedad. Se corta la verdura en trozos y se introducen en agua hirviendo alrededor de entre 1 a 3 minutos y así detener la acción enzimática. No se deben dejar más de tres minutos las verduras en el agua, ya que se pueden terminar cocinando.
2. Sacar las verduras del agua hirviendo y se introducen en un recipiente con agua con hielo para que se enfríen.
3. Las verduras ya están escaldadas y se puede usar el método más adecuado para envasar al vacío.

En cuanto a las frutas, son un alimento delicado y el envasado debe realizarse con mucho cuidado. Antes se deben congelar para evitar aplastarse. Además, es posible conservarlas en recipientes con líquido como almíbar, que se trata de una composición de agua con azúcar cocida a fuego lento.

9. Elaboración de cocinado tradicional y conservación al vacío

La cocina tradicional se considera la base de toda la cocina. Los sabores, olores y matices trasladan a los recuerdos del hogar y la familia. Al mismo tiempo, es un tipo de cocina que, con algunos cambios y toques modernos, sigue muy vigente en la actualidad.

Una característica de la cocina tradicional es la gran variedad de alimentos y platos, de ahí que muchos platos se cocinan de diferente manera según la región o el país.

 **Saber más**

La cocina tradicional es el arte gastronómico cuyos platos están asociados a una localización geográfica concreta. El legado cultural que generación a generación se tiene de una misma receta es una de sus características más destacadas. Así se puede ver en los restaurantes de comida para empresas platos de enorme raigambre.

Además, la cocina tradicional es una cocina sencilla con cabida de técnicas y productos tradicionales de toda la vida. Muchos restaurantes, en la actualidad, siguen manteniendo la esencia de la cocina tradicional, cocina que se caracteriza por aprovechar los productos naturales y frescos.

Alargar la vida de los productos alimenticios es un objetivo y desde la antigüedad se han ido desarrollando variados sistemas de conservación de alimentos como la conservación al baño maría, salar, ahumar o la deshidratación.

En la actualidad a esa lista se ha añadido también la conservación al vacío en bolsas, botellas o recipientes usando máquinas de vacío.

Fig. 13. Los alimentos envasados al vacío pueden conservarse durante más tiempo que el resto de productos

La conservación al vacío es uno de los métodos que mejor mantienen las propiedades nutricionales de los alimentos. Se basa en la ausencia del aire, es decir, envasar los alimentos sin oxígenos evita la proliferación de microorganismos, retraso de la degradación enzimática y evita el pardeamiento de los hidratos de carbono.

Asimismo, es un método muy versátil, ya que hay muchos alimentos que pueden conservarse al vacío, tanto crudos como cocinados, por ejemplo, legumbres, carnes, frutas, quesos, etc.

En cuanto a los métodos de conservación al vacío, los más conocidos son los siguientes:

- **Bolsas.** Se usan para conservar al vacío la mayoría de alimentos.
- **Contenedores.** Para todo tipo de alimentos como salsa o sopas.
- **Botellas.** Para envasar líquidos al vacío.
- **Tarros de cristal.**

Las ventajas de la conservación al vacío son las siguientes:

- Incremento del tiempo de conservación.
- No hay pérdida de color, ni sabor, ni aroma. Las características organolépticas y los nutrientes se mantienen estables.
- Los alimentos húmedos conservan la firmeza y la frescura.
- Ahorro en la cesta de la compra, ya que se compra en grandes cantidades o cuando hay descuentos, puesto que después pueden ser envasados en raciones pequeñas.
- Permite ahorrar en la compra, puesto que se pueden comprar grandes cantidades o cuando hay descuentos y después envasar en raciones más pequeñas o individuales.
- Se evita el desperdicio de comida por el hecho de que se puede envasar la comida cocinada que ha sobrado.

Además, los alimentos envasados al vacío pueden congelarse, lo que aumenta las siguientes ventajas:

- La conservación aumenta a meses e incluso años en condiciones óptimas.

- No hay pérdida de peso, ya que el alimento al vacío no sufre deshidratación alguna.
- Ahorro de espacio en el congelador.
- Los alimentos al vacío no se impregnan de olores de otros alimentos que se encuentran al lado.

10. Regeneración de productos envasados al vacío

La regeneración de alimentos consiste en un proceso en el que un alimento refrigerado o congelado logra una temperatura de 65 °C en el centro y como consecuencia, se puede servir en la mesa sin prejuicio de su calidad ni pérdida de las condiciones organolépticas.

La regeneración de alimentos técnicamente se define como "el calentamiento de un producto a temperatura de servicio (65 °C) partiendo de la situación de refrigeración (+3 °C) o de congelación (-18 °C)".

Este proceso forma parte de la cocina al vacío que consiste en el paquete de técnicas asociadas a la nueva cocina en la que las envasadoras al vacío, los abatidores de temperatura, se combinan con los hornos mixtos de vapor y alta precisión para obtener productos de una calidad uniforme.

En la actualidad, en las cadenas de restaurantes existe una cocina central donde se elaboran platos y se envasan por raciones con el objetivo de controlar los costes de producción y las mermas de los productos y al mismo tiempo, se consigue una textura y un sabor uniforme en todos los productos.

Una vez elaborada y envasada al vacío la comida en la cocina central, se distribuye a diferentes locales, se introducen las raciones envasadas al vacío en el horno regenerador y en unos 15 min se consigue un plato perfecto para servir en la mesa.

En cuanto a la maquinaria que se utiliza para regenerar alimentos, la máquina especializada y adecuada se denomina regenerado u horno regenerador, aunque también se pueden usar los hornos de vapor.

Fig. 14. Los hornos regeneradores se usan para preparar el plato en unos 15 minutos

La regeneración de alimentos consiste en un proceso que se usa para mantener la calidad de los alimentos mediante el aumento de la temperatura de consumo de los alimentos refrigerados, envasados y congelados.

El objetivo de estos hornos es conseguir la temperatura de servicio de 65 ºC del centro del producto en un tiempo récord. Para lograr esta temperatura se hace circular el aire interior lleno de humedad rozando las paredes de la bolsa en la que se encuentra envasado al vacío el producto.

 **Importante**

Hay que tener cuidado de no tener demasiado tiempo los alimentos en el regenerador, ya que al estar con una temperatura de 140 ºC los productos después de alcanzar la temperatura corazón se siguen cocinando.

Un dato importante a tener en cuenta antes de servir un plato regenerado es dejarlo reposar durante unos minutos. Todo ello para conseguir que el exterior del producto se enfríe de forma ligera y que el jugo interior se espese de forma que el producto regenerado conserva la humedad, el sabor y la textura en su totalidad.

11. Explicación de la oxidación y pardeamiento enzimático

Uno de los fenómenos químicos que más ocurre en la cocina es la oxidación de los alimentos. En algunas ocasiones, al almacenar o cocinar, se encuentran colores poco atractivos en frutas y verduras, a este fenómeno se le conoce como oxidación.

La oxidación consiste en la actividad química general que capta electrones de otros átomos y en esa actividad intervienen tres factores, algunas enzimas vegetales, el oxígeno y los compuestos fenólicos. Por ejemplo, las frutas y verduras se consideran alimentos vulnerables de sufrir oxidación.

La enzima responsable del oscurecimiento enzimático se llama tirosinasa o fenolasa, la cual está presente desde la manipulación y almacenamiento hasta el procesamiento. Este proceso se acelera cuando, sobre todo, las frutas sufren golpes o simplemente al ser cortadas.

Fig. 15. La oxidación se produce por el contacto del alimento con el aire exterior

Sin embargo, otros alimentos como las grasas o los aceites también pueden sufrir oxidación. Por lo tanto, el pescado y la carne también sufren oxidación, aunque el proceso lleva más tiempo hacerlo.

Generalmente, la oxidación está mal vista, ya que deteriora los alimentos y estos pierden sus nutrientes y características organolépticas. No obstante, en ciertos casos como en el té o el café tienen influencia positiva, puesto que estos productos adquieren su coloración gracias a estas enzimas.

Por lo tanto, ¿cómo se podría prevenir este fenómeno? Una de las recomendaciones es añadir unas gotas de limón a los alimentos propensos a la oxidación, por lo que las enzimas que causan el oscurecimiento se retrasan en condiciones ácidas. Más recomendaciones son sumergir los alimentos en agua fría o colocarlos en la nevera.

En cuanto al aceite, suelen desarrollar sabores rancios en un tiempo corto. Para evitar esto, es conveniente almacenarlo en frascos opacos o latas y en lugares frescos y con poca luz.

Anotación

Para prevenir la oxidación de las grasas de la carne, se debe guardar en la parte más fría del refrigerador o en el congelador. También es recomendable envolverla en plástico antiadherente y/o aluminio, además de usarla lo antes posible.

En cuanto al pardeamiento enzimático, consiste en un proceso a partir del cual los alimentos, generalmente frutas y bebidas, pueden cambiar el color hacia tonos marrones. En algunas ocasiones, se trata de un proceso que se desea lograr por diferentes razones. Puede ser un pardeamiento enzimático y no enzimático.

El pardeamiento enzimático u oxidación alimentaria afecta a mariscos, verduras y frutas. Se trata de un cambio en el sabor, el color y el valor de los alimentos que sucede con el paso del tiempo de forma natural. Es obvio que este efecto se produce al entrar en contacto con el oxígeno.

Anotación

El pardeamiento, en este caso, es debido a la reacción química que provocan las enzimas polifenol oxidasa y catecol oxidasa, entre otras, que crean melaninas y benzoquinona a partir de fenoles naturales. El exterior del alimento se vuelve marrón y el sabor puede cambiar (a menudo, volviéndose menos atractivo para el consumo humano).

Como se ha mencionado anteriormente, existen algunos productos que se formulan gracias a esta reacción natural para enriquecer el sabor y las propiedades y así mejorar el gusto para las personas. Estos alimentos son el cacao, el café, los frutos secos, los higos o el té.

En cuanto al pardeamiento no enzimático, no está relacionado con las enzimas ni con el paso del tiempo, aunque se trata de un proceso en el que el alimento adquiere un color marrón.

En algunas ocasiones, muchas cocinas usan este proceso a propósito para mejorar algunas propiedades de los platos.
Existen dos tipos de pardeamiento no enzimático:

- **Caramelización.** Por ejemplo, la crema catalana que es una natilla con una capa marrón exterior que es azúcar caramelizado debido a una exposición al calor.
- **Reacción de Maillard.** Se trata de una reacción química que procede de diferentes aminoácidos. Es una reacción muy común en los alimentos cocinados como la carne, el pan o las patatas.

Este proceso puede ser más lento o más rápido, pero ocurre siempre, es decir, no se puede evitar. Sin embargo, controlar el pardeamiento enzimático puede suponer un aumento de los beneficios para las empresas que se dedican a la venta de productos frescos, debido a que, los productos podrían ser atractivos durante más tiempo.

A continuación, se describen algunas recomendaciones para controlar este fenómeno:

- **Reducción de temperaturas.** En la mayoría de los casos, la bajada de temperaturas al alimento ayuda a retrasar el efecto de las bacterias sobre el alimento.
- **Tecnología.** La tecnología cada vez es más utilizada para cambiar el comportamiento de los alimentos.
- **Uso de ácidos.** Por ejemplo, el ácido ascórbico alimentario, que se encuentra en las tiendas y es recomendable para proteger las frutas y las verduras, en especial para prevenir el pardeamiento de las manzanas. El limón, por otro lado, ayuda a reducir la cantidad de cobre.

Resumen

En esta unidad, se ha realizado una introducción a la cocción al vacío como técnica usada en la gastronomía actual. Técnica que potencia la conservación de los alimentos con todas sus características organolépticas y sus nutrientes.

A continuación, se ha descrito el proceso de la cocción de los alimentos al vacío, sus ventajas y sus desventajas. Después, se ha descrito el grupo IV de alimentos que son considerados alimentos de atmósferas modificadas.

Posteriormente, se ha explicado el proceso de conservación de alimentos como las carnes o el pescado y las ventajas.

Por último, se han descrito los procesos de oxidación y pardeamiento de los alimentos, los usos que tienen dentro de la cocina, las causas que lo producen y los beneficios que aportan en algunos alimentos.

Glosario

Enzima

Proteína soluble producida por las células del organismo, que favorece y regula las reacciones químicas en los seres vivos.

Fitosanitario

Los productos fitosanitarios son mezclas químicas que contienen una o varias sustancias activas y otros ingredientes, y cuyo objetivo es proteger los vegetales y sus productos de organismos nocivos.

Microorganismo

Un microorganismo, también llamado microbio o microbionte, es un ser vivo o un sistema biológico que solo puede visualizarse con el microscopio. Son organismos dotados de individualidad que presentan, a diferencia de las plantas y los animales, una organización biológica elemental.

Moho

Recubrimiento velloso o filamentoso producido por diversos tipos de hongos sobre materia orgánica, que provoca su descomposición; forma una capa de color negro, azul, verde o blanco.

Pasteurización

Procedimiento que consiste en someter un alimento, generalmente líquido, a una temperatura aproximada de 80 grados durante un corto período de tiempo, enfriándolo después rápidamente, con el fin de destruir los microorganismos sin alterar la composición y cualidades del líquido.

Ejercicios de autoevaluación

1. Los objetivos del buen mantenimiento de las instalaciones y equipos de un restaurante son:

a. Aumentar la vida útil del equipo como para mejorar la seguridad y la eficiencia del negocio.

b. Incrementar el beneficio económico del negocio.

c. Obtener ingresos extra debido al buen mantenimiento de las instalaciones.

2. El envasado al vacío:

a. Se lleva a cabo solamente en los restaurantes más prestigiosos.

b. No somete a los alimentos a temperaturas extremas y no se requiere la adición de productos químicos.

c. Ralentiza la vida útil de los productos, por ejemplo, los productos lácteos.

3. ¿En qué consiste la mise en place?

a. Una práctica esencial que consiste en la organización previa.

b. La preparación de los ingredientes, herramientas y utensilios que van a usarse para elaborar un servicio o un plato.

c. Todas son correctas.

4. Envasar los alimentos sin oxígeno:

a. Evita la proliferación de microorganismos, retraso de la degradación enzimática y evita el pardeamiento de los hidratos de carbono.

b. Elimina todo tipo de bacterias de los alimentos.

c. Genera beneficios económicos a las empresas de hostelería.

5. El pescado fresco al vacío se mantiene durante:

a. Un par de semanas.
b. 2 días.
c. 5 o 6 días.

6. Antes de servir un producto regenerado es conveniente:

a. Probarlo para saber si está en las mejores condiciones.
b. Dejarlo reposar durante unos minutos para que el exterior del producto se enfríe de forma ligera.
c. Cocinarlo nuevamente.

7. ¿Cuándo se acelera el proceso de la oxidación?

a. Los alimentos han sufrido cambios de temperatura drásticos.
b. Cuando los alimentos tienen golpes o han sido cortados.
c. Los alimentos están congelados.

8. Una de las ventajas de los alimentos envasados al vacío es:

a. No adquieren los olores de los alimentos que se encuentran al lado.
b. No sufren cambios de lugar.
c. Se alteran con la entrada de la luz natural a los lugares donde están almacenados.

9. Una de las ventajas de la cocción al vacío es:

a. Los alimentos solamente se reducen en un 10%.
b. Los alimentos no alargan su vida útil.
c. Los alimentos se conservan durante un tiempo menor.

10. Una de las ventajas de la mise en place es:

a. Una mayor cooperación con el resto de restaurantes de la zona.

b. Un mayor éxito del equipo de cocina.

c. El trabajo en equipo es más productivo y se mejora el rendimiento general de la cocina.

Módulo 2. Cocina a baja temperatura

Introducción

Recientemente, es muy común en la mayoría de los restaurantes la elaboración de platos con la técnica llamada *sous vide*, que en francés significa "al vacío". Consiste en cocinar los productos alimenticios a una temperatura constante por debajo de los 85 ºC durante un periodo de tiempo más largo, por lo que la cocción es más precisa y potencia la textura, las propiedades de los ingredientes y el sabor.

Esta técnica se originó en la década de los 70 del siglo pasado aplicada al foie. Surgió en Francia gracia al científico George Pralus quien trabajaba en el laboratorio del restaurante Troigros.

Diseñó un sistema para cocer a baja temperatura y de forma controlada el foie, aunque previamente sellado al vacío en una bolsa de plástico y dio como resultado un producto con una textura muy suave.

Al cabo de los años, profesionales de la cocina siguieron ese método, lo perfeccionaron y refinaron y lo aplicaron a otros productos como verduras, carnes o pescados. En lagunas carnes, este método contribuye a romper las fibras y las resplandece.

En la actualidad, esta técnica es muy usada en los hogares y este uso se relaciona con la aparición de la olla lenta, que es ideal para elaborar guisos, y el horno *sous vide* que se utiliza para cocinar a baja temperatura de forma controlada.

Objetivos

- Aplicar la técnica del vacío y cocción, conservación, cocción a baja temperatura y regeneración de diferentes grupos de alimentos.
- Aplicar la técnica de cocción a baja temperatura a diferentes grupos de alimentos, así como conocer las posibilidades que ofrece su utilización.

1. Descripción y presentación de las diversas técnicas y medidas para la cocina a baja temperatura

La cocina a baja temperatura consiste en una técnica de cocina caracterizada por el uso de una temperatura inferior a 100 ºC. Además, es el resultado de la suma de dos factores; gastronomía y ciencia.

Está comprobado que cuando se controlan algunos alimentos a determinadas temperaturas durante largos períodos de tiempo, se obtiene un alimento con una gran textura y sabor.

Gracias a la cocción a baja temperatura se obtienen alimentos que conservan sus jugos, por ejemplo, la carne queda más tierna que en otro tipo de cocinado como en el asado.

Fig. 1. La carne cocinada a baja temperatura obtiene una textura más tierna

Al cocinar a baja temperatura, las propiedades de los alimentos y los nutrientes se potencian y se conservan durante más tiempo.

A continuación, se mencionan algunos beneficios de cocinar a baja temperatura:

- Disfrutar de los alimentos debido a una menor pérdida de nutrientes.
- Se disminuye el riesgo de dañar los alimentos durante la cocción.
- Se potencia el sabor de la carne.
- Técnica limpia ya que no emite olores.
- Conserva el sabor de los alimentos.

- Cocina sana ya que potencia el sabor de los alimentos, por lo que no se recurre a aditivos.
- Alimentos de fácil digestión, puesto que no llevan grasas añadidas.

Resumen

La cocina a baja temperatura es una de las más interesantes de utilizar porque permite disfrutar de alimentos apenas procesados que mantienen todos sus nutrientes.

La cocina a baja temperatura es una técnica que gana, cada día, más adeptos. Se trata de una técnica que cocina con temperaturas suaves, entre los 50 ºC y los 100 ºC.

Existen varias maneras de cocinar a baja temperatura, aunque las usadas son las siguientes: en seco, al horno, en líquido, sumergiendo alimentos en caldo, aceite, etc., al vapor y al vacío.

Lo más importante de cocinar a baja temperatura es conocer de forma exacta los grados y el tiempo que se necesita emplear para cocinar los alimentos. Por lo tanto, esta técnica se lleva a cabo al buscar la temperatura ideal del corazón de un producto que se trata de la temperatura en su punto óptimo de cocción.

Es de sobra sabido que el punto de cocción de los alimentos tiene mucha relación con el éxito de la elaboración de un plato. Es decir, el secreto es la relación adecuada entre el tiempo y la temperatura de cocción.

Anotación

Para realzar al máximo las características de un alimento es imprescindible determinar correctamente a qué temperatura y durante cuánto tiempo se van a cocinar.

Fig. 2. El pescado también se cocina a baja temperatura y se obtiene un aspecto más saludable

Cabe destacar que algunos alimentos son más sensibles que otros a la temperatura, por lo que un grado a unos minutos de más va a afectar al alimento en mayor medida. Por lo tanto, es importante encontrar la relación correcta entre tiempo y temperatura, sabiendo que cuanto más baja es la temperatura, más largo es el tiempo de cocción.

A continuación, se describen algunos de los beneficios de la cocina a baja temperatura:

- **Cocciones exactas.** Es una de las mayores ventajas, cocinar a baja temperatura significa conocer la exactitud gracias al control de la temperatura y el tiempo.
- **Texturas espléndidas.** Por ejemplo, la carne es más tierna, las verduras más jugosas, etc. Gracias a la cocción a baja temperatura, los alimentos retienen los jugos.
- **Sabores genuinos y alimentos saludables.** Las cualidades nutricionales de los alimentos se preservan mejor.
- **Sin oxidación.** Gracias a la cocción al vacío se evita la oxidación por el contacto con el oxígeno y como consecuencia, se evita el deterioro de los alimentos.
- **Redescubrir.** Gracias a esta técnica, las recetas tradicionales se están convirtiendo en grandes platos gastronómicos con la baja temperatura.

2. Importancia de la relación tiempo y temperatura. Tablas de temperatura

En la cocina a baja temperatura existen dos elementos muy importantes: el tiempo y la temperatura. El tiempo que debe cocinarse un alimento depende del grosor del alimento. Cabe destacar que cada alimento tiene una temperatura central ideal para cocinar.

Debido a que la cocción al vacío se puede realizar en muchos alimentos, es recomendable disponer de una tabla para las temperaturas y para el tiempo al vacío.

Ejemplo

Cada persona encuentra su filete medio perfecto, a una temperatura de 58 °C, la otra prefiere un filete medio crudo a una temperatura de 53 °C. Eso es lo excepcional que ofrece la precisión de la cocción al vacío.

A continuación, se exponen tablas en las que aparecen tipos de alimentos y su tiempo de cocción y la temperatura adecuada. La temperatura que se muestra en las tablas es el promedio de ese producto y, además, el tiempo va a depender del grosor del producto.

Tipo de carne	°C	Tiempo de cocción
Costilla de ternera	55	75 minutos
Chuletón de ternera	55	90 minutos
Filete de ternera	57	60 minutos
Chuleta de ternera	65	3 horas
Lengua de ternera	70	21 horas
Molleja de ternera	63	90 minutos
Filete bien hecho	68	50 minutos
Filete medio	61	50 minutos
Filete medio crudo	55	50 minutos
Solomillo de ternera	52	2 en punto
Bistec de lomo	55	45 minutos
Pechuga de paloma	58	20 minutos
Pechuga de pato	57	60 minutos
Pierna de pato	70	16 horas
Ganso	60	2 en punto

En la siguiente tabla, se exponen los tiempos de cocción y la temperatura adecuada para cocinar diversos tipos de pescados:

Tipo de pescado	ºC	Tiempo de cocción
Vieira	52	40 minutos
Trucha	52	25 minutos
Camarones	54	25 minutos
Bacalao	50	40 minutos
Langosta confitada	52	30 minutos
Caballa	50	20 minutos
Atún	45	45 minutos
Salmón	50	40 minutos
Rape	48	18 minutos

En cuanto a la carne de cordero, a temperaturas *sous vide*, el cordero combina muy bien con hierbas frescas como el laurel o el orégano. Su sabor es muy agradable y es una carne tierna y fácil de preparar, con alguna excepción como la paleta o el cuello que requieren de un periodo más largo de cocción.

En cuanto a la carne de ternera, esta procede de ganado menor de 12 meses. Se trata de una carne de res joven. Muchas partes de la ternera requieren una temperatura baja como son la costilla o el lomo. Otros trozos más gruesos y grandes requieren temperaturas más altas.

En lo que se refiere a las aves de corral y la cocción al vacío, es muy importante no cocinar mucho esta carne, ya que con la cocina tradicional se secan de forma rápida. Algunas partes como las patas de las aves de corral deben cocinarse más tiempo, puesto que contiene mucho tejido conectivo, por lo que, la carne es muy dura.

Fig. 3. La ternera resulta más tierna cuando se cocina a baja temperatura

En cuanto al pescado a baja temperatura, lo ideal es asegurarse de dividirlo antes de cocinarlo por si se desea repartirlo más tarde, ya que se va a deshacer. Cocinar a 50 ºC es una temperatura ideal para casi todos los pescados.

En lo que se refiere a las verduras, primero se debe determinar el resultado que se desea. Se puede elegir cocinar las verduras durante un período corto de más o menos 15 minutos y así obtener un resultado crujiente.

Tipo de verdura	ºC	Tiempo de cocción
Patata	90	60 minutos
Alcachofa	90	2 en punto
Espárragos	88	20 minutos
Berenjena	85	45 minutos
Remolacha	90	60 minutos
Coliflor	85	35 minutos
Cebollas de primavera	90	45 minutos
Brócoli	86	20 minutos
Champiñones	85	60 minutos

3. Conocimiento de los sistemas de cocción a baja temperatura

La cocina a temperatura baja se trata de realizar una cocción por debajo de los 100 ºC. En la actualidad, son muchos los restaurantes que han vuelto a utilizar esta técnica de cocina que ya era considerada antigua.

Además, existen en la actualidad muchos aparatos que ayudan a cocinar a temperaturas bajas y así una persona puede dejar la comida cocinándose a temperaturas bajas sin necesidad de estar presente.

En cuanto a las ventajas de la cocina a baja temperatura, se pueden señalar las siguientes:

- Carne más tierna. Cuando una carne se cocina a más de 85 ºC tiende a endurecerse, en el caso de las carnes rojas, las blancas se resecan y el pescado toma una textura astillosa. Por el contrario, al cocinar la carne a baja temperatura se vuelve más tierna, incluso que el hueso se desprende. Por lo tanto, la cocción lenta es perfecta para las carnes con tendones.
- Legumbres y verduras en su punto. Uno de los problemas de la cocina a alta temperatura es la rotura de los alimentos. En cambio, cuando se cocinan las legumbres a baja temperatura se mantienen enteras y con una textura tierna.
- Guisos sabrosos.
- Cocina de precisión. Los aparatos que se usan para cocinar a baja temperatura permiten una mayor precisión al cocinar.
- Mantener las propiedades nutricionales.

En cuanto a los métodos de cocina a baja temperatura se destacan los siguientes: horno, la barbacoa (aunque se necesita una barbacoa especial), una vaporera, una placa de inducción a presión, el robot de cocina, la olla lenta y la sous vide.

Fig. 4. Gracias a la máquina sous vide se pueden cocinar alimentos a baja temperatura en casa

A continuación, se describe la maquinaria de cocción a baja temperatura:

- **Horno.** La ventaja es que casi todas las personas tienen un horno en casa, solamente se necesita un termómetro de precisión para medir la temperatura interior del alimento. Unas recomendaciones para cocinar a temperaturas bajas en horno convencional son usar el ventilador para repartir el aire y evitar abrir el horno para que no se pierda el calor.

- **Barbacoa.** Es necesaria una barbacoa especial como la barbacoa cerrada con varias parrillas y que están hechas de materiales que conservan muy bien el calor. Se usa mucho para cocinar cochinillo a baja temperatura y los pescados y mariscos.

- **Vaporera.** Es muy usada para cocinar pescados y verduras.

- **Rocook.** Consiste en una placa de inducción de precisión para cocinar a baja temperatura. En esta placa se puede usar cualquier olla para cocinar a temperaturas entre 20 y 180 ºC.

- **Robot de cocina.** Cocinar a baja temperatura con un robot de cocina o un procesador de alimentos que cocina es muy fácil y cómodo.

- **Olla lenta.** Estas ollas permiten cocciones largas sin preocuparse por nada. Se compone de una carcasa exterior donde está la resistencia y el control de mandos. Generalmente, las ollas están hechas de cerámica, por lo que conllevan un consumo energético muy bajo. Entre las ventajas de las ollas lentas están, por ejemplo: se puede dejar cocinando durante la noche, ya que son muy seguras, se pueden hacer postres y panes, puesto que funcionan como pequeños hornos, son muy fáciles de usar.

- **Sous vide.** Se trata de envasar al vacío los alimentos y sumergirlos en agua y así, cocinarlos en su propio jugo. Fue una técnica muy usada en el pasado en los restaurantes más prestigiosos. Hoy en día, existen máquinas de uso doméstico. Al cocinar con sous vide los alimentos no pierden su sabor, puesto que se cocinan en su propio jugo; no pierden volumen y no se pierden los nutrientes de los alimentos.

Se pueden cocinar varios platos al mismo tiempo sin mezclar los sabores, el aparato es muy sencillo y se reduce el tiempo de limpieza.

4. Conocimiento y uso de las cocciones directas e indirectas

Las cocciones directas e indirectas son técnicas comunes en la cocina, especialmente cuando se trata de asar carnes o vegetales a la parrilla o en el horno.

A continuación, se explican las características de ambas:

En cuanto a la cocción directa, los alimentos se colocan directamente sobre la fuente de calor.

Fig. 5. La cocción directa es la que se destina al consumo inmediato

Por ejemplo, cuando asas carne a la parrilla, la colocas directamente sobre las llamas o las brasas. La cocción directa es rápida y es ideal para alimentos que se cocinan en poco tiempo o que necesitan un exterior crujiente.

Las características son las siguientes:

- **Rapidez:** La cocción directa es rápida ya que los alimentos se colocan directamente sobre la fuente de calor, lo que permite una transferencia rápida de calor al alimento.
- **Temperaturas altas:** Este método es ideal para cocinar alimentos a altas temperaturas. Es perfecto para sellar la superficie de carnes y crear un exterior crujiente mientras se mantiene el interior jugoso.
- **Formación de marcas de parrilla:** La cocción directa es la mejor opción para lograr esas apreciadas marcas de parrilla en alimentos como carnes, verduras y frutas.
- **Alimentos adecuados:** Se utiliza comúnmente para alimentos más delgados o que se cocinan rápidamente, como hamburguesas, filetes de pescado, verduras asadas y pinchos.

En contraste, la cocción indirecta implica colocar los alimentos a cierta distancia de la fuente de calor, evitando un contacto directo con ella. En la parrilla, esto se puede lograr colocando los alimentos a un lado de la parrilla mientras que el fuego está encendido al otro lado.

En el horno, la cocción indirecta implica colocar los alimentos en una bandeja y colocarla en un nivel que esté alejado de la fuente de calor, generalmente en el centro del horno. Este método es ideal para alimentos que requieren una cocción lenta y uniforme, como un pollo entero o un asado, ya que permite que el calor se distribuya de manera más uniforme alrededor de los alimentos.

Las características son las siguientes:

- **Cocción lenta y uniforme:** La cocción indirecta proporciona una cocción más lenta y uniforme al evitar el contacto directo con la fuente de calor. Esto es útil para cocinar grandes cortes de carne o aves enteras, ya que permite que el calor se distribuya de manera más uniforme alrededor del alimento.

- **Reducción de la posibilidad de quemar:** Al evitar el contacto directo con la fuente de calor, se reduce la posibilidad de que los alimentos se quemen en el exterior antes de cocinarse completamente en el interior.
- **Flexibilidad de temperatura:** La cocción indirecta permite ajustar la temperatura de cocción de manera más controlada, lo que es útil para alimentos que requieren un tiempo de cocción más prolongado sin arriesgarse a quemarlos.
- **Alimentos adecuados:** Es ideal para cocinar grandes cortes de carne como asados, piernas de cordero, pollos enteros o pavo, así como para alimentos que necesitan tiempo para cocinarse completamente, como costillas o alimentos que contienen huesos.

La elección entre cocción directa e indirecta depende del tipo de alimento que estés cocinando y el resultado que desees obtener. La cocción directa es más rápida y adecuada para alimentos más delgados o que necesitan un exterior crujiente, mientras que la cocción indirecta es mejor para alimentos más grandes o que requieren una cocción más lenta y uniforme.

5. Aplicación de las técnicas para la cocina a baja temperatura

Cocinar a temperaturas bajas tiene muchos beneficios si se compara con otras técnicas más convencionales. Entre las ventajas que proporciona la cocina a baja temperatura se distinguen las siguientes:

- Se obtienen sabores más intensos.
- Mejor textura de los alimentos.
- Se mantienen los nutrientes de los alimentos.
- El peso que el alimento pierde al ser cocinado es menor.

Todos esos beneficios vienen acompañados de una desventaja que es un tiempo de cocción más largo.

Por lo tanto, cocinar a temperaturas bajas no es solamente colocar un alimento y cocinarlo a fuego lento. La finalidad es obtener un alimento lo menos modificado posible por medio de una cocción más uniforme y lenta. Por ello, controlar la temperatura es fundamental cuando se aplica esta técnica en cocina.

Es necesario una fuente de calor capaz de mantenerse siempre a la misma temperatura, que se pueda apagar cuando se necesite y que aumente la temperatura cuando sea necesario.

Así pues, para llevar a cabo la cocina a temperaturas bajas, la mejor solución es disponer de un aparato que consiga mantener durante todo el proceso la misma temperatura.

Los electrodomésticos que se utilizan varían según el método que se desee aplicar. Entre los aparatos más populares está la olla a baja temperatura o máquinas *sous vide*.

Fig. 6. El medio de cocción de muchas carnes es su propio jugo

En cuanto a los métodos de cocina a baja temperatura, hay varios métodos con el mismo principio. El medio de cocción transmite la fuente de calor a los alimentos.

Por ejemplo, si se está cocinando un guiso, el medio de cocción es el caldo, ya que transmite calor a los ingredientes para conseguir la cocción. Por lo tanto, el medio de cocción es importante, pero también puede ser reemplazado.

A continuación, se describen los dos métodos mediante los cuales se aplica la técnica de cocina a baja temperatura:

- **Cocina a baja temperatura.** Consiste en cocinar los alimentos en un medio con una fuente de calor a baja intensidad y constante durante bastante tiempo. En este método lo más importante como siempre es mantener una temperatura constante y uniforme durante nuestra cocción. Por lo tanto, los alimentos mantienen sus propiedades y la textura de forma intactas y el resultado es un plato más sabroso.

  Las ollas de cocción a baja temperatura son usadas en los hogares para cocinar a baja temperatura. Una olla de cocción a baja temperatura es muy fácil de usar, y se obtiene una cocción más lenta, modificando lo menos posible el producto que se está cocinando.

- **Cocina al vacío a baja temperatura.** También se conoce como método sous vide. Se trata de cocinar los productos alimenticios al vacío en un medio de cocción neutro, como el agua a baja intensidad, temperatura fija y bastante tiempo. La diferencia con el método anterior es que aquí los alimentos van envasados al vacío, por lo que es posible usar como medio de cocción el agua que transmite de forma perfecta la temperatura.

 Anotación

Al no depender de un medio para la cocción, podemos cocinar prácticamente cualquier receta a baja temperatura.

6. Conocimiento sobre la conservación de los alimentos y la baja temperatura

La utilización del frío para conservar alimentos se lleva realizando durante toda la historia. En la antigüedad, las personas usaban el hielo, la nieve o el frío para conservar los alimentos. Sin embargo, Appert elaboró en 1840 un sistema de conservación por frío.

A continuación, se describen los principios de dos métodos físicos de conservación de los alimentos, como son la congelación y la refrigeración:

- Se disminuye la velocidad bioquímica de degradación de los alimentos al bajar la temperatura.
- Se inhibe la propagación de microbios a baja temperatura. Por debajo de los -10º no pueden desarrollarse.
- Los microorganismos por debajo de los 3 ºC ya no producen toxinas.

En cuanto a la refrigeración o frío positivo, se trata de una técnica que consiste en mantener el alimento a una temperatura fría y estable, cerca de los 0 ºC, y así evitar el valor higrométrico inadecuado y como consecuencia, se consigue controlar el desarrollo de microorganismos.

Además, se ralentizan las reacciones enzimáticas/químicas, y debido a esto cada producto tiene unos requisitos diferentes de humedad relativa y temperatura.

Fig. 7. Colocar los productos alimenticios en lugares muy fríos es una técnica de conservación de alimentos muy usada desde la antigüedad

Ejemplo

Los tomates y limones requieren 10-12 °C y 85 % humedad y la carne 0-2 °C y 85 % humedad.

A continuación, en la siguiente tabla se describen las condiciones de conservación y tiempo de conservación bajo refrigeración de los alimentos más comunes:

Producto	Temperatura(°C)	% humedad	Tiempo de conservación
Carnes	0-2	80-85	3-4 días
Aves y caza	1-2	80-85	4-5 días
Crustáceos	1-2	80-85	1-2 días
Pescados	1-2	80-85	1-2 días
Hortalizas	4	80-85	5-7 días
Huevos	2-4	80-85	2-3 semanas
Leche	4	—	3-4 días
Productos elaborados	2	—	1-3 días

En cuanto a la congelación o frío negativo, consiste en una forma de conservación a largo plazo por medio del hielo y un almacenamiento a temperaturas inferiores a -18 ºC. El objetivo es transformar el agua en cristales de hielo para reducir la actividad del agua y así, se disminuye la degradación química y microbiana.

Los alimentos se congelan siguiendo unas normas. Además, al adquirir alimentos congelados se debe poner atención a que el paquete esté intacto y precintado de forma correcta. Los productos sin envoltorio deben presentar una rigidez máxima y no tener signos de decoloración o ablandamiento.

Saber más

Cómo se forman los cristales de hielo: En primer lugar, cristaliza el líquido extracelular, después el agua celular sale hacia el líquido extracelular para igualar las concentraciones salinas y se congela en los espacios extracelulares. El líquido intracelular se concentra cada vez más en azúcar, sales y proteínas. Queda sin solidificar una pequeña cantidad de líquido intracelular. Este líquido será rico en enzimas que destruyen las vitaminas y el color. Para evitarlo sería necesario el escaldado de verduras.

Por lo tanto, una congelación rápida crea más cantidad de cristales, más pequeños y de forma redondeada. Se mantienen las características nutricionales y organolépticas de los alimentos.

La congelación ultrarrápida se realiza a -130 ºC en congeladores criogénicos. Por el contrario, en la congelación lenta los cristales con más grandes y tienen una forma alargada. Además, se producen cambios en el valor nutritivo de los alimentos y en la textura.

A continuación, se enumeran las etapas de congelación industrial de los alimentos:

- Se seleccionan materias primas de calidad para elaborar el producto.
- Preparación del producto.
- Empaquetar el producto siguiendo algunas condiciones como permitir una rápida congelación, ser impermeable a líquidos, ofrecer resistencia a los golpes, ser opaco a la luz, soportar bajas temperaturas, etc.
- Congelación, pasar de líquido a sólido.
- Descongelar y cocinar.
- De acuerdo a la legislación, el almacenamiento de los productos congelados debe hacerse a -18 ºC.

 **Saber más**

En las aves y la caza, se hace una limpieza previa, flameado y evisceración. Suelen prepararse enteras o fraccionadas y en crudo. La temperatura será de -10 ºC y aguanta 8-10 meses. En pescados se pueden congelar enteros o fraccionados, descamados o pelados; se congelan a -14 ºC y congelados duran de 4-6 meses.

En cuanto a los efectos de la congelación en la calidad de los productos alimenticios:

- Si el alimento está congelado durante mucho tiempo, se producen alteraciones químicas como la oxidación de grasas.
- La calidad organoléptica de los alimentos se altera.
- Oxidación de las vitaminas.

- Aparición de manchas.
- Alteración de los procesos de ligación de salsas.
- Alteraciones físicas como fusiones de cristales y recristalizaciones, es decir, se descongela y se vuelve a congelar. Esto se debe cuando se abre a menudo el congelador.

La descongelación se trata de un proceso en el que los alimentos se llevan otra vez a temperaturas superiores a 0 ºC. Para ello, se debe aplicar calor.

- **Calor específico.** Pasar de la temperatura de almacenamiento a la temperatura de fusión.
- **Calor latente.** Transformación de los cristales de hielo en agua.
- **Temperatura final.**

El tiempo de descongelación depende de la forma, el tamaño y la conductividad térmica del envase del alimento. Es un proceso que tiene mucha importancia en la calidad final del alimento.

Los efectos del proceso de descongelación en la calidad de los alimentos son los siguientes:

- Los efectos no se observan en los azúcares.
- Las proteínas rotas por los cristales no se recuperan, por lo que se producen cambios en la calidad de los alimentos.
- Pérdida de retención de agua.
- Debido a la rotura de las paredes de células se produce una pérdida de minerales y vitaminas.

7. Identificación y aplicación de otras técnicas basadas en aplicaciones del vacío

El vacío consiste en un sistema de envasar por medio del cual, se elimina el oxígeno del interior del paquete de un producto y así, evitar la oxidación, aumentar la calidad de un alimento y alargar la vida útil de ese producto.

Las ventajas de su uso en las cocinas son que permite optimizar los espacios de almacenaje y aumenta la vida útil de los alimentos.

Fig. 8. Gracias a la cocción a baja temperatura, los productos mantienen sus características nutricionales

Como norma general, para llevar a cabo este proceso, se coloca la bolsa en la cámara de vacío de la máquina de envasado, se retira el oxígeno y se sella la bolsa.

En algunas ocasiones, antes de sellar el paquete se introducen gases de protección que ayudan a conservar mejor los alimentos. Este proceso se conoce como empaquetado con atmósfera modificada.

No obstante, cuanto mayor es la temperatura de cocción de un alimento, más nutrientes va a perder, por lo tanto, se deben cocinar los alimentos en su punto óptimo. Cada alimento tiene su tiempo óptimo de cocción, por ejemplo, los productos deshidratados se hidratan con agua a temperaturas de 80 ºC y pueden mezclarse con verduras y así se aprovechan mejor los nutrientes.

En la actualidad, el objetivo de todas las personas profesionales de la hostelería es proteger al máximo las propiedades de los alimentos, por lo que el proceso de conservación es fundamental para proteger los nutrientes.

Resumen

Contar con ingredientes tratados con alta tecnología permite, en definitiva, buscar resultados a donde el sabor, nutrición y el aprovechamiento de toda la cocción que lleva a reducir los desperdicios a cero, son los pilares fundamentales a donde aplicados a tecnologías como el vacío aseguramos resultados sorprendentes.

A continuación, se mencionan algunos tipos de cocción de los productos alimenticios a temperaturas bajas, por ejemplo, en seco, es decir, el horno con regulador de temperatura, al vacío o sin vacío.

Existen hornos muy avanzados que consiguen cocinar de forma más precisa y así, obtener el mayor beneficio de las técnicas de cocción al vacío.

La temperatura interior y exterior son dos elementos a tener en cuenta. La temperatura interior se refiere a la temperatura que hay en el interior del producto alimenticio que se va a cocinar, y la temperatura exterior que se refiere a la temperatura elegida para calentar el horno.

Así pues, al cocinar carne o pescado la temperatura no debe ser inferior a 50 ºC, ya que sino las bacterias no van a morir y pueden causar problemas para la salud. Por lo tanto, es conveniente consultar tablas de cocción de cada alimento para tomar como guía la temperatura ideal y el tiempo necesario para cocinar.

Además, en las técnicas de cocina en las que se usa el sistema al vacío es conveniente utilizar el recipiente adecuado. Para preparar platos de carne, es mejor usar un recipiente abierto y con altura para que no se escapen los jugos.

Por otro lado, los pescados se cocinan más rápidamente, por lo que se pueden hacer en un recipiente cerrado. Por último, en cuanto a las verduras, se pueden usar ambas aplicaciones según se busque un resultado más crujiente o no.

Un último consejo es no abrir y cerrar de forma constante la puerta del horno, debido a que si se siguen y respetan los tiempos de cocción no va a ser necesario preocuparse por si se cocina el alimento o no.

Resumen

En esta unidad se han presentado las formas de cocción a baja temperatura más comunes en la actualidad.

En primer lugar, se ha explicado la importancia de la relación entre temperatura de cocción y tiempo de cocción en la cocina a baja temperatura. Cada alimento posee unas características específicas de cocción.

En segundo lugar, se han descrito brevemente algunos de los aparatos usados, tanto en restaurantes como en hogares, para cocinar a baja temperatura, por ejemplo, la olla a baja temperatura, la máquina *sous vide* o la vaporera.

A continuación, se han descrito las formas de conservación de alimentos en frío más populares como son la refrigeración y la congelación, cada una con sus beneficios y desventajas.

Por último, se ha explicado la importancia del proceso de descongelación de un producto, los pasos a seguir antes de servir el plato a la mesa.

Glosario

Ave de corral

Un ave de corral es un ave domesticada utilizada por el hombre para la alimentación, ya sea en forma de carne o por sus huevos; y por sus plumas y plumón. La denominación incluye típicamente a miembros de los órdenes Galliformes y Anseriformes.

Caldo

Líquido sustancioso que se obtiene de la cocción en agua abundante de algún alimento; puede utilizarse para preparar sopas, consomés y potajes o como base de diversas salsas y guisos.

Microorganismo

Organismo que solo puede verse bajo un microscopio. Los microorganismos incluyen las bacterias, los protozoos, las algas y los hongos. Aunque los virus no se consideran organismos vivos, a veces se clasifican como microorganismos.

Oxidación

Fenómeno químico en virtud del cual se transforma un cuerpo o un compuesto por la acción de un oxidante, que hace que en dicho cuerpo o compuesto aumente la cantidad de oxígeno y disminuya el número de electrones de alguno de los átomos.

Toxina

Una toxina es una sustancia venenosa producida por células vivas de animales, plantas, bacterias u otros organismos biológicos; para destacar su origen orgánico, se habla a veces también de biotoxina. Están excluidas de esta definición las sustancias creadas por procesos artificiales.

Módulo 2. Cocina a baja temperatura

Ejercicios de autoevaluación

1. La temperatura a cocina en la cocina a baja temperatura debe ser:

a. Menor de 100 ºC.

b. Mayor de 100 ºC.

c. Menor de 20 ºC.

2. Uno de los objetivos de la cocina a baja temperatura es:

a. Limpiar los productos en la máquina *sous vide*.

b. Endurecer la carne de cerdo.

c. Potenciar el sabor de los productos.

3. Gracias a la cocción al vacío se evita:

a. La congelación de los alimentos.

b. La oxidación de los alimentos.

c. Las fisuras en los alimentos.

4. ¿De qué depende el tiempo que debe cocinarse un producto?

a. Del grosor del alimento.

b. El diámetro del producto.

c. La extensión del alimento.

5. La ternera:

a. Se trata de una carne de animal mayor de dos años.

b. Es una carne de animal menor de 12 meses.

c. Es una carne vieja.

6. ¿Es posible usar el horno para cocinar a baja temperatura en casa?

    a. No.

    b. Solamente en los hornos más grandes.

    c. Sí, aunque sería necesario contar con un termómetro.

7. La finalidad de la cocina a baja temperatura es:

    a. Obtener un alimento lo menos modificado posible por medio de una cocción lenta y uniforme.

    b. Modificar las características organolépticas de los productos.

    c. Añadir más nutrientes a los alimentos.

8. La conservación en frío:

    a. Consigue obtener más grasas a los alimentos.

    b. Inhibe la propagación de microbios a baja temperatura. Por debajo de los -10° no pueden desarrollarse.

    c. Se lleva a cabo en los países más cálidos.

9. La congelación de los alimentos se produce a una temperatura a partir de:

    a. 0 °C.

    b. -18 °C.

    c. -2 °C.

10. Uno de los efectos de la descongelación en la calidad de los alimentos es:

    a. Pérdida de retención de agua.

    b. Aumento del tamaño de los alimentos.

    c. Rotura de los alimentos.

Módulo 3. Condiciones higiénico-sanitarias, medioambientales y prevención laboral en cocina

Introducción

Los accidentes relacionados con el trabajo que se lleva a cabo en el restaurante y especialmente en la cocina de los mismos son bastante frecuentes, por lo que es necesario conocer los factores de riesgo que existen y las medidas preventivas relacionadas con los factores de riesgo.

Asimismo, es necesario informar y formar al personal de cocina sobre las medidas preventivas en caso de accidente y el plan a seguir en caso de que ocurra un accidente laboral.

La cocina es un lugar de trabajo que conlleva una serie de riesgos para las personas que trabajan en ella y que dañan la salud a menos que se adopten las medidas preventivas señaladas. Muchos de los riesgos y accidentes se podrían evitar si hubiese una adecuada formación del personal y una correcta organización.

Cada restaurante debe disponer de un plan de emergencia y evacuación previamente elaborado por el personal especializado. Además, debe existir una señalización adecuada junto con elementos de extinción de incendios revisados de acuerdo a la normativa y homologados.

Asimismo, es primordial formar al personal acerca del uso de todos los elementos para que conozcan como actuar en caso de emergencia.

Objetivos

- Aplicar la técnica del vacío y cocción, conservación, cocción a baja temperatura y regeneración de diferentes grupos de alimentos.
- Aplicar la normativa vigente relativa a las condiciones higiénico-sanitarias, tanto en lo relacionado a las condiciones personales, observando además las medidas de seguridad personal, como en el desarrollo de la manipulación de alimentos.

1. Mantenimiento de las condiciones higiénico-sanitarias en instalaciones y equipamientos

Las condiciones higiénico-sanitarias son el ingrediente principal de la seguridad alimentaria en todas las cocinas profesionales. Un fallo simple en la limpieza de la cocina o en la elaboración de los alimentos podría originar una contaminación cruzada y el desarrollo de bacterias y como consecuencia, una intoxicación alimentaria.

El protocolo HACCP describe todos los procedimientos que todo el personal manipulador de alimentos debe tener en cuenta. No obstante, existen algunas buenas prácticas que ayudan a la higiene de los espacios en la cocina de un restaurante y que son necesarias a seguir.

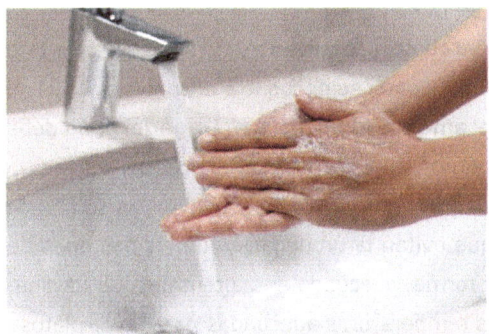

Fig. 1. La limpieza de manos debe realizarse con agua caliente y jabón

A continuación, se describen algunas reglas de higiene a seguir en toda cocina profesional:

- **Higiene personal.** Bacterias y microorganismos pueden viajar de mano a mano entre el personal y de ahí, a los alimentos. De ahí que las manos deben lavarse en profundidad con agua caliente y jabón cada vez que se toque un alimento y antes de comenzar una nueva tarea. Además, se debe usar una toalla limpia para secarse las manos. El cabello debe mantenerse recogido y usar una red para protegerlo.
- **Ropa.** Es necesario cambiarse a ropa de trabajo, ya que la ropa de calle puede contener gérmenes también.

- **Almacenamiento adecuado de alimentos.** Los alimentos deben almacenarse en recipientes cerrados para evitar el contacto con el aire, sobre todo cuando están todavía calientes.
- **Descongelación.** Para evitar el crecimiento de bacterias originadas por el cambio brusco de temperatura, los alimentos se deben descongelar dentro del frigorífico.
- **Evitar la contaminación cruzada.** Se deben usar diferentes utensilios para manipular alimentos crudos y alimentos cocidos para, así, evitar la contaminación cruzada de microorganismos.
- **Mantener los alimentos a la temperatura adecuada.** Existe una zona de peligro en la que las bacterias proliferan de forma rápida y es entre 15 y 551, por lo que es necesario servir los alimentos a una temperatura de al menos 70 ºC.
- **Enfriar los alimentos rápidamente.** De igual manera, para que no proliferen las bacterias, es necesario enfriar los alimentos de forma inmediata, es decir, de 65 a 10 ºC en menos de dos horas.
- **Servir los alimentos correctamente.** No se debe tocar la comida al servirla o los lugares de los platos donde se encuentra la comida.
- **Limpiar completamente el horno y el fregadero.** Se debe lavar y desinfectar el fregadero y los hornos cada día y limpiar la cocina después de cada uso.
- **Lavar los platos correctamente.** Los lavavajillas son fundamentales toda cocina profesional, ya que evitan la propagación de las bacterias de los restos de comida si se lavan de forma adecuada los utensilios de cocina. Se deben usar los detergentes y las temperaturas adecuadas para lavar platos.

La realización adecuada del proceso de congelación asegura una correcta preparación de pescados libres de anisakis. Hay que dejar que los clientes prueben las deliciosas recetas con seguridad.

1.1. Definición de calidad higiénico-sanitaria: conceptos y aplicaciones

El concepto de calidad ha cambiado mucho en los últimos años y está adquiriendo un gran protagonismo en la sociedad de hoy en día. En la época actual, caracterizada por la saturación de los mercados de países desarrollados, la calidad se ha convertido en una estrategia de las empresas y en un elemento que determina la elección por parte de las personas consumidoras.

Existen muchas definiciones del término calidad que dependen del contexto en el que se aplican. Por ejemplo, en el contexto del comercio y la producción, se define la calidad como "conformidad con las especificaciones".

Asimismo, la calidad de un producto es un concepto que varía según los atributos del producto y viene determinada por el grado de adaptación a un uso o consumo específico.

Según la Organización Internacional de Normalización (ISO), la calidad es la capacidad de un producto o servicio de satisfacer las necesidades declaradas o implícitas del consumidor a través de sus propiedades o características. De esta manera, la adecuación es definida por el usuario o consumidor.

Según el autor Kano, otro concepto de calidad "incluye un modelo multidimensional de la calidad: esta tiene varios componentes, que pueden ser medidos y clasificados jerárquicamente según su impacto sobre la satisfacción del cliente. Un componente serían los aspectos básicos o ineludibles, sin los cuales el producto no es aceptado. Otro lo compondrían los aspectos de sorpresa, necesidades que el consumidor no espera o percibe *a priori*, pero que finalmente aprecia. Otro componente, definido como "más es mejor", incluye atributos lineares y escalables que satisfacen en mayor o menor grado necesidades conocidas".

Fig. 2. La calidad de los alimentos depende, en muchas ocasiones, de la satisfacción de la clientela

Este último concepto incluye aspectos que no son esperados por la clientela como las necesidades o los usos y que, además, permiten hacer una diferencia entre tipos de calidad debido a que las necesidades de cada cliente so diferentes y varían.

Asimismo, los alimentos se describen por medio de una serie de parámetros, químicos, microbiológicos, físicos, que se convierten en características de calidad según cada cliente.

En la industria alimentaria es fundamental saber la relación entre los atributos y las propiedades de calidad, lo cual permite añadir al producto final los atributos de calidad que la clientela desea.

Dentro de los tipos de calidad de los alimentos están la calidad sanitaria, la calidad higiénica, la bromatológica (que son las propiedades de composición y nutritivas), la calidad organoléptica, la calidad de uso y la relacionada con los aspectos de la salud. Cada una de ellas dispone de una serie de atributos.

En la sociedad actual, la calidad higiénico-sanitaria es un elemento fundamental y de gran valor, ya que se considera que un producto alimenticio no debe causar ningún tipo de enfermedad o malestar en la persona consumidora.

La mayoría de las personas profesionales afirman que es el componente más importante debido a que la falta de higiene podría provocar enfermedades graves e incluso la muerte de la persona que ha consumido el alimento.

Por todo ello, se tiende a separar la calidad higiénico-sanitaria del resto de calidades y se llama también inocuidad o seguridad del alimento.

La **calidad higiénico-sanitaria** se define como la ausencia en el alimento de ciertos componentes bióticos (agentes patógenos como bacterias, parásitos, virus, priones, toxinas, alergenos) y abióticos (residuos de medicamentos, plaguicidas, pesticidas, contaminantes, etc.) que comportarían un riesgo para la salud.

Según la FAO, existe seguridad alimentaria si todas las personas tienen en todo momento acceso físico y económico a suficientes alimentos inocuos y nutritivos para satisfacer sus necesidades alimentarias.

Por lo tanto, la seguridad alimentaria implica el cumplimiento de las siguientes premisas:

- Una adecuada oferta y disponibilidad de alimentos adecuados.
- Estabilidad de la oferta sin fluctuaciones ni escasez en función de la estación del año.
- Acceso a los alimentos o la capacidad para adquirirlos (los alimentos deben estar disponibles a toda la población, física y económicamente, en el momento oportuno).
- Buena calidad e inocuidad de los alimentos.

En áreas desarrolladas, las tres primeras premisas se alcanzan de forma generalizada, salvo excepciones ocasionales, por lo que es el último punto el que cobra relevancia y protagonismo y al que van dirigidas todas las políticas de control sanitario en estas regiones.

1.2. Identificación de los requisitos higiénicos generales de las instalaciones y equipos

Las buenas prácticas de higiene o requisitos higiénicos, junto con una buena experiencia del cliente, son fundamentales para el éxito de cualquier negocio de hostelería. La clientela, al observar la limpieza del local, siente seguridad y confianza en el establecimiento.

Estos requisitos higiénicos involucran desde la formación del personal en medidas sanitarias e higiénicas, hasta la manipulación de alimentos, la limpieza y la desinfección de instalaciones, superficies y alimentos. Todo esto debido a que lo primordial es proteger la salud de la clientela y cumplir con los estándares de higiene determinados por las autoridades sanitarias.

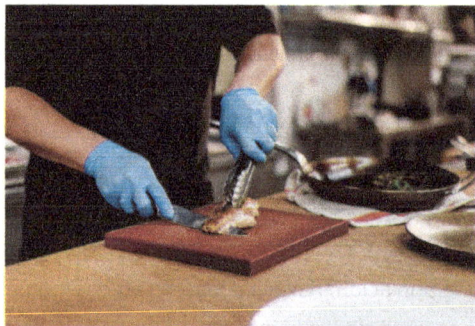

Fig. 3. Está totalmente prohibido fumar en las zonas de trabajo y más especialmente en una cocina, ya que podría causar incendios

A continuación, se describen los requisitos higiénicos generales que todo negocio de hostelería debe llevar a cabo:

- **Formación del personal.** Formar al personal es necesario para asegurar que todo el personal del restaurante disponga de conocimientos necesarios sobre higiene y seguridad alimentaria. Es decir, se debe promover una cultura de higiene, fomentando la correcta manipulación de alimentos y el cumplimiento de normas sanitarias.
- **Prácticas de higiene personal.** El personal debe cumplir con unas estrictas prácticas de higiene como, llevar uniformes limpios, lavarse las manos de forma

regular con agua y jabón, no fumar o comer ni beber en las áreas de manipulación de alimentos y tener las uñas cortas y limpias.

- **Mantenimiento de instalaciones, locales y equipos.** Es fundamental elaborar un plan de mantenimiento de las instalaciones y equipos. Además, se deben realizar inspecciones periódicas para verificar que todo está bien.
- **Limpieza y desinfección.** Un plan que incluya procedimientos detallados de limpieza para cada área con los utensilios y productos a usar necesarios. También es importante establecer frecuencia de limpieza, la utilización de productos adecuados y capacitar al personal para que conozcan las técnicas correctas de limpieza y desinfección.
- **Control de plagas.** Es primordial elaborar un plan de control de plagas que contemple la inspección regular de las áreas sensibles, el cierre de rendijas y grietas, la aplicación controlada de productos químicos, etc.
- **Control de residuos.** Un plan de residuos es conveniente para mantener la higiene del negocio y para ayudar al cuidado del medio ambiente siempre que se cumplan las normativas ambientales. Esa gestión debe incluir la separación correcta de los tipos de residuos, la frecuencia de recolección de residuos y el uso de recipientes adecuados.

En cuanto a las buenas prácticas de manipulación de alimentos, se destacan las siguientes:

- **Control de temperaturas.** Es necesario para asegurar la seguridad de los alimentos y a prevenir la propagación de microorganismos peligrosos.
- **Control de alérgenos.** Se deben identificar y gestionar todos los ingredientes que pueden causar reacciones alérgicas. Para realizar un adecuado control de alérgenos se deben usar las etiquetas de los alimentos correctas, separar ingredientes alérgenos en la manipulación de alimentos, formar al personal para reconocer las alergias alimentarias, etc.
- **Trazabilidad de alimentos.** Es un punto clave para rastrear el origen de los alimentos en la cadena de suministro. Esto permite una rápida acción en caso de retirada de productos, la identificación de posibles contaminaciones y la garantía de la seguridad de los alimentos ofrecidos a los clientes.

Anotación

Para llevar a cabo un buen control se debe incorporar la monitorización regular de las temperaturas de almacenamiento y preparación de alimentos, el uso de equipos de medición confiables, el registro de datos y la adopción de medidas correctivas en caso de desviaciones.

En lo que se refiere a las normas básicas de preparación en cocina, sirven para asegurar la seguridad alimentaria y la calidad de los platos y como consecuencia, prevenir la contaminación.

Para lograr esto se deben tener en cuenta aspectos como la limpieza y la desinfección de superficies de trabajo, el adecuado almacenamiento de ingredientes crudos y cocinados, etc.

Resumen

Las buenas prácticas de higiene son muchas y variadas, y no se limitan a tener una sala o una cocina limpias, sino a mucho más. Es necesario, como dueño o dueña de un restaurante, que todas ellas sean conocidas y aplicadas.

1.3. Explicación de los procesos de limpieza y desinfección: diferenciación de conceptos

Dos conceptos importantes en un restaurante para que la clientela pueda disfrutar de la estancia y de la comida de forma segura son la limpieza y la desinfección.

En cuanto a la limpieza, consiste en eliminar la suciedad y la materia orgánica de las superficies que han sido utilizadas para realizar una tarea con agua y jabón.

Por otro lado, la desinfección consiste en eliminar los microorganismos que hay presentes en una superficie tras terminar una tarea para garantizar la inocuidad de los alimentos. Para desinfectar generalmente se usan productos más fuertes como los desinfectantes.

En primer lugar, se deben seleccionar de forma adecuada los productos para realizar una óptima limpieza. Para ello, es posible consultar con las personas proveedoras de estos productos.

 **Saber más**

Los proveedores especializados pueden ayudar a organizar las tareas de limpieza y a elaborar el Plan de limpieza y desinfección integral del restaurante. También pueden ofrecer la formación del personal que lleve a cabo los trabajos de limpieza.

Un aspecto muy importante es que los productos que se van a usar deben ser específicos para la industria alimentaria.

En segundo lugar, se deben seguir las instrucciones de las empresas que fabrican los productos: utilizar las dosis específicas para no contaminar la superficie de los equipos, dejar actuar los productos el tiempo establecido por la empresa fabricante, los productos deben estar en los recipientes originales. Usar equipos de protección individuales como mascarillas o guantes en el caso de que esté establecido.

 **Sugerencia**

Se pueden instalar equipos para la dosificación de los detergentes y desinfectantes a fin de aplicar correctamente los productos.

En tercer lugar, se deben almacenar los productos de desinfección y limpieza en un lugar concreto y fijo.

En cuarto lugar, las herramientas y utensilios para limpiar y desinfectar no se deben usar para otras actividades. Se deben almacenar en un lugar fijo y lejos de bebidas y comida, etc.

 **Importante**

Mantener los utensilios de limpieza suspendidos en el aire o sobre una superficie limpia cuando no se vayan a servir. No es recomendable apoyarlos en el suelo, donde pueden ensuciarse y, en el caso de las escobas y los cepillos, incluso deformarse. Además, es importante tener diferenciados los instrumentos de limpieza según la zona donde se utilicen (lavabos, cocina, sala).

Asimismo, hay que recordar que limpieza y desinfección no son lo mismo. Por medio de la limpieza se eliminan los residuos de alimentos y suciedad, y así evitar la propagación de microorganismos. Por otro lado, la desinfección es eliminar y reducir los microorganismos por medio de productos específicos.

Durante la limpieza hay que prestar especial atención a los lugares poco accesibles como rincones, esquinas de paredes y suelos, desagües, tubos y canalizaciones, estanterías altas y bajas, y la parte de atrás e inferior del mobiliario y de la maquinaria.

Más aspectos a tener en cuenta son limpiar y desinfectar los equipos y utensilios que no se usen de forma frecuente antes de usarlos.

Fig. 4. La limpieza y desinfección de cocinas industriales es obligatoria para evitar la proliferación de microorganismos

1.4. Aplicación de los sistemas y métodos de limpieza, y de las técnicas de limpieza de instalaciones y equipos básicos

La desinfección y la limpieza tienen como objetivo eliminar o reducir las bacterias y microorganismos que están presentes en los equipos, los utensilios, las herramientas, la ropa, las manos o en las superficies de trabajo que pertenecen a las personas que manipulan los alimentos, ya sean personal de cocina como personal de sala.

A continuación, se menciona algunas técnicas y sistemas de limpieza de las instalaciones:

- Se debe limpiar y desinfectar la cocina y la sala después de cada servicio.
- Limpiar y desinfectar cada uno de los elementos o utensilios según la frecuencia necesaria para así evitar cualquier riesgo de contaminación.
- Limpiar y desinfectar los elementos que hayan estado en contacto con alimentos durante el servicio.
- Si se encontrara grasa y suciedad incrustada, se debe dejar el utensilio a remojo con agua caliente y detergente. Más tarde, lavar el utensilio hasta eliminar toda la suciedad.
- Una vez realizada la limpieza, se debe aplicar un desinfectante que elimine o reduzca los microbios de las superficies y utensilios.
- Se deben limpiar y desinfectar las piezas de los equipos, los suelos de cocinas y los almacenes de alimentos.
- Evitar que el agua sucia salpique a utensilios o equipos limpios.
- Dejar secar las superficies al aire y evitar la humedad, ya que propicia el crecimiento de microorganismos.
- No se deben arrastras los equipos limpios por superficies sucias una vez limpios.
- Antes de comenzar con la limpieza y la desinfección, se deben cerrar todos los alimentos, y así protegerlos de cualquier contaminación por los productos químicos.

A continuación, se mencionan algunos de los elementos críticos en un restaurante:

- Se deben limpiar los contenedores y cubos de basura con agua caliente y después, desinfectarlos.
- Limpiar y desinfectar los equipos de cocina como freidoras, microondas, batidoras, etc., y desmontar las piezas para poder limpiarlas de forma correcta y eliminar los restos de suciedad.
- Limpiar y desinfectar en profundidad las cámaras frigoríficas y congeladores.
- Limpiar y desinfectar las asas y los mangos de las puertas e interruptores que están en contacto con las manos del personal.
- Desinfectar y limpiar las paredes, techos y ventanas de acuerdo con una frecuencia previamente fijada por el establecimiento.

No hay que utilizar estos equipos para dejar objetos sobre ellos o en su interior, ya que entonces es más probable que olvidéis la limpieza de todas las partes. También hay que limpiar la campana extractora de humos según el uso que se haga y de acuerdo con la frecuencia recomendada por el fabricante, y limpiar también el tubo de extracción para evitar incendios en la cocina.

1.5. Reconocimiento de los productos de limpieza de uso común. Tipos, clasificación y utilización de los mismos

Los establecimientos de hostelería son sitios donde la higiene y la limpieza son primordiales, por lo tanto, lograr unas instalaciones limpias y desinfectadas es un elemento importante para lograr éxito en el negocio.

Las zonas básicas que dispone un restaurante son la cocina, la despensa, la sala de comedor, los baños, la zona de personal y la zona de entrada o recepción.

Conociendo las zonas básicas de un restaurante, se diferencian las zonas que necesitan una estricta limpieza, desinfección e higiene. Por lo tanto, los productos a utilizar deben ser de mucha calidad y se conocen como productos de limpieza profesional.

Ya que existe una notable diferencia entre espacios que se deben limpiar y desinfectar, se deben usar diferentes productos para realizar una limpieza y desinfección de forma adecuada. Es decir, no es lo mismo limpiar un baño que la zona de recepción de clientes.

Fig. 5. Entre los productos de limpieza de las cocinas profesionales no debe faltar un desengrasante

A continuación, se mencionan los principales productos de limpieza y desinfección para restaurantes:

- **Desengrasante multiuso.** En el mercado existen muchos tipos de desengrasantes para la limpieza de los restaurantes. Sin embargo, existen algunos que son más específicos que son ideales para eliminar cualquier mancha en el suelo o en las superficies.
- **Limpiador desinfectante para restaurante.** Sirven para eliminar virus y bacterias y otro tipo de microorganismos. Un limpiador desinfectante recomendable se caracteriza por tener una buena acción microbacteriana.
- **Limpiador de acero inoxidable.** Una de las ventajas del acero inoxidable es que no se oxida y por eso, se encuentra en herramientas y materiales de las cocinas.
- **Limpiador de plancha de cocina.** Hay muchos tipos, pero en un restaurante prima la velocidad, por lo tanto, se recomiendan productos que puedan limpiar la plancha incluso cuando esté caliente. Por ejemplo, un limpiador para utilizar con la plancha caliente (máximo 175 ºC). Por lo cual se ahorra tiempo en la limpieza de

la plancha. Es el producto idóneo para las cocinas profesionales donde lo que más prima es la velocidad. Otro producto es el desengrasante, que sirve también para parrillas, freidoras y hornos, con una excelente relación calidad precio.

- **Limpiacristales.** Tanto espejos como ventanas.
- **Gel hidroalcohólico.** Debido a la reciente pandemia, disponer de este gel es vital en todos los establecimientos de hostelería. Es fundamental para minimizar el casi un 100% la transmisión de bacterias y virus.
- **Desincrustante de baños.** Es fundamental para la limpieza de los baños, para eliminar los restos de suciedad en los grifos y mamparas.

 **Anotación**

En un restaurante profesional, el acero inoxidable va a formar parte de materiales y electrodomésticos qué vas a encontrar en la cocina, por lo cual es de suma importancia tener un limpiador de acero inoxidable eficaz.

1.6. Mantenimiento del estado operativo de las instalaciones y equipos básicos

El buen funcionamiento y el mantenimiento del equipo y de las instalaciones de un restaurante es la clave del éxito del negocio. Es posible operar un restaurante sin mantenimiento regular a corto plazo, aunque a largo plazo, esto aumenta los costes, provoca desperdicio, disminuye los beneficios y puede desembocar en el cierre del negocio.

Por lo tanto, estar al día con el mantenimiento del equipo y las instalaciones de un restaurante es indispensable si se desean evitar imprevistos o emergencias.

El mantenimiento del equipo del restaurante tiene muchas ventajas y beneficios.

A continuación, se mencionan algunas de las razones por las que se debe tener en cuenta un buen mantenimiento de los equipos de un restaurante:

- **Es rentable.** Los equipos en los restaurantes son caros, por lo que las revisiones y el mantenimiento regular resultan más económicos. Los fallos menores se detectan y se reparan y así el equipo se mantiene en buen estado. Además, el mantenimiento regular alarga la vida útil de los equipos.
- **Mantiene la calidad de los alimentos.** El estado del equipo impacta de forma directa en el estado de la comida. Incluso si el personal de cocina es el mejor del país, si no tienen unas herramientas en un estado correcto, no se puede hacer mucho. Si el equipo está bien mantenido, el personal puede experimentar y elaborar platos de calidad.
- **Mantiene la velocidad de las operaciones.** Si el equipo está en mal estado, significa que la elaboración y la preparación de los platos tarda mucho más y eso puede causar pérdida de clientes y ventas. Para asegurarte de que esto no suceda, debes asegurarte de que todos los equipos que tienes estén en las mejores condiciones, lo que solo se puede lograr mediante un mantenimiento regular.
- **Aumentar la vida útil del equipo.** El mantenimiento regular del equipo asegura que el daño no resulte en una gran avería. Por lo tanto, la vida útil del equipo se alarga.
- **Saludable e higiénico.** Se trata de un hábito saludable el llevar un mantenimiento regular, el cual incluye la desinfección periódica del equipo.
- **Reduce el riesgo de incendios.** Muchos de los incendios que ocurren en las cocinas se deben al mal estado de los equipos, por lo que un mantenimiento adecuado elimina ese riesgo.

A continuación, se menciona de forma breve una lista de verificación de mantenimiento de equipos de restaurantes:

- La limpieza de conductos, campana y ventilación.
- La limpieza del filtro de grasa.
- Inspección de la freidora.
- Servicio de sistemas automáticos de extinción.

El mantenimiento del equipo del restaurante puede implicar un esfuerzo adicional, pero al final, todo ese trabajo adicional vale los resultados. Si se comienza a mantener el equipo de un restaurante con regularidad, los efectos positivos serán sorprendentes.

Fig. 6. Es conveniente realizar inspecciones de los equipos para prevenir futuras averías

2. Utilización de uniformes y equipamiento personal de seguridad

El uniforme del personal tiene un papel fundamental en muchas áreas de la gestión de restaurantes. Un uniforme adecuado para el personal es el que muestra la imagen del local y cumple con las necesidades del equipo como herramienta de trabajo.

Asimismo, el uniforme, tanto para el personal de cocina como el de sala, es una forma de cuidar la higiene del personal y del negocio y además ayuda a evitar accidentes en el trabajo. Estas prendas de ropa son obligatorias para todo el personal que trabaja dentro del restaurante.

Otro objetivo de la ropa de trabajo es garantizar la seguridad del personal mientras realizan su trabajo en un entorno como es una cocina profesional donde hay un ritmo de trabajo muy alto.

Fig. 7. El personal del restaurante es la imagen de la empresa a la clientela

Por lo tanto, el uniforme de trabajo para los restaurantes se conforma de las siguientes prendas:

- **Gorro.** Se trata de una prenda fundamental en cocina, impide que el cabello caiga en la comida y ayuda a absorber el sudor del personal.
- **Filipina.** Se trata de la chaquetilla de cocina. Debe cubrir el torno, las mangas y el dorso. Se encarga de proteger al personal de cocina de las quemaduras principalmente y de cualquier otro accidente.
- **Delantal.** Ayuda a proteger la ropa del personal y posibles desgarros fruto de las tareas diarias del personal.
- **Pantalón.** El material debe ser de algodón y debe ser fresco y cómodo. Es recomendable no usar cinturón por si se produjera un derrame de algún líquido caliente y poder quitárselo de forma rápida.
- **Calzado.** Debe ser antideslizante para evitar posibles caídas y cerrado.

Asimismo, cada persona que trabaje en el sector de la hostelería debe ser informada de los riesgos de la actividad y poseer capacitación y formación sobre las buenas prácticas de trabajo con el objetivo de evitar accidentes.

Por lo tanto, la ropa de trabajo del personal de cocina está pensada como un escudo que sirve para proteger al personal y pueda moverse con seguridad por la cocina. Asimismo, es conveniente que la ropa responda a unas normas de seguridad como, por ejemplo, estar hecha de materiales no inflamables ni tóxicos.

Del mismo modo, el uniforme debe generar confianza entre la clientela, lo cual se consigue cuidando la apariencia y la limpieza del uniforme del personal. Además, debe estar limpio, sobre todo en el personal de sala.

 **Saber más**

Un dato importante es evitar el color blanco en las mangas de los brazos de camareros, barman y del personal que esté en contacto con los clientes, pues es una parte que suele mancharse con regularidad y si son de color blanco, se notarán más.

2.1. Explicación de salud e higiene personal: factores, materiales y aplicaciones

Si se desea que la clientela vuelva al restaurante, es fundamental mostrar una higiene óptima, debido a que a las personas les gusta y les genera confianza, que el local en el que consumen bebidas y alimentos se encuentra limpio, organizado. Además, este factor se ha convertido en un factor clave en la captación de clientes.

Por lo tanto, cabe destacar que la higiene alimentaria consiste en el paquete de normas, procedimientos y pautas que los locales de hostelería deben llevar a cabo para garantizar la inocuidad y la higiene en todas las etapas de la cadena alimentaria, con la finalidad de proteger la salud de la clientela.

Fig. 8. La higiene alimentaria es fundamental en cada proceso de la elaboración de platos

Entonces, es primordial supervisar que las normas de higiene se cumplan durante los procesos de producción, distribución, elaboración y almacenamiento de los alimentos para garantizar que estén en buen estado y sean aptos para el consumo humano.

Se debe tener en cuenta que no todo el personal tiene las mismas labores, por lo que establecer las medidas de higiene depende de la tarea o del cargo.

Por ejemplo, si el personal que se ocupa de la elaboración de los platos descuida, la limpieza personal podría transmitir enfermedades a la clientela. Así pues, la higiene y la limpieza comienza en los hogares.

Además, las personas que atienden el restaurante deben cumplir las siguientes medidas:

- Mantener el cabello recogido o utilizar una red.
- Evitar el uso de maquillaje.
- No usar bisutería o joyería.
- Evitar la barba en los hombres o llevarla recortada.
- Lavarse las manos antes del servicio y al tener contacto con partes del cuerpo, llaves, dinero u otro tipo de superficies.
- Tapar las heridas en las manos o brazos.
- Ducharse todos los días.
- Realizar un control médico de forma periódica.
- No comer, beber o fumar en el área de trabajo en la elaboración y preparación de los alimentos.
- Llevar uñas limpias, cortas y sin esmalte.
- Llevar ropa y calzado limpios.

Una vez los alimentos llegan al restaurante, es aconsejable seguir un proceso de higiene, aunque primero se deben conocer las prácticas de manejo y los estándares de calidad de la empresa proveedora y, por lo tanto, se confía en que los productos cuando llegan al restaurante están en perfecto estado.

Es aconsejable desechar los alimentos que estén aplastados, abollados u oxidados. Si existiera dudas en el color, olor o sabor de la comida, se debe descartar de forma inmediata.

La seguridad en la cocina es fundamental para la preparación y cocción de los alimentos, ya sea en restaurantes, en casa, o en cualquier lugar donde los prepares. Tener en cuenta la limpieza y comprender los peligros presentes pueden ayudar a evitar accidentes y enfermedades derivadas de la higiene en la preparación de alimentos.

Algunas de las pautas a tener en cuenta son las siguientes:

- Mantener una higiene personal adecuada, incluido el lavado frecuente de manos y brazos.
- Limpieza y desinfección adecuada de todas las superficies y utensilios en contacto con alimentos, así como también del equipo de alimentos.
- Buen mantenimiento y limpieza básica del lugar.
- Almacenamiento de alimentos durante el tiempo adecuado y a temperaturas seguras.

Las buenas prácticas de sanidad en la cocina consisten en todas las medidas que se llevan a cabo para prevenir y proteger la salud del personal o de la clientela en un negocio de hostelería. La importancia radica en que muchos alimentos que se comen pueden contener microorganismos que afectan al organismo.

Una de las prácticas es conservar los alimentos de forma correcta, ya que el almacenamiento es primordial para la higiene y la seguridad en la cocina.

Algunos consejos necesarios a llevar a cabo son:

- Mantener la temperatura del frigorífico por debajo de 40 grados y el congelador por debajo de cero.
- Envolver la carne de forma segura para evitar el goteo sobre otros alimentos.

- Usar los alimentos enlatados antes de las fechas de vencimiento.
- Evitar el contacto entre los alimentos y el aire, por lo que hay que asegurarse de guardarlos siempre en recipientes con tapa o cubiertos con film transparente, especialmente cuando aún están calientes.

2.2. Identificación de prendas de protección: tipos, adecuación y normativa

Los EPP o equipos de protección personal y los EPI o equipos protección individual son los equipos, dispositivos, prendas de ropa o accesorios que son utilizados por el personal para evitar tener contacto directo con riesgos que podrían amenazar su salud o seguridad al realizar las actividades laborales.

Asimismo, los procesos de elaboración, producción y preparación de alimentos conllevan unos riesgos que podrían poner en peligro el bienestar del personal debido al uso de utensilios a altas temperaturas, objetos punzantes o equipos peligrosos como licuadoras o cortadoras.

Anotación

Para que los trabajadores de la industria de alimentos puedan desarrollar sus labores de manera segura, es necesaria la implementación de los Equipos de Protección Personal (EPP) para garantizar su seguridad y asegurar que realicen sus labores de manera correcta.

Por lo tanto, los equipos de protección personal o EPP son muy importantes para garantizar la inocuidad de los alimentos, debido a que los riesgos de contaminación por la mala manipulación de los alimentos son muy frecuentes cuando el personal no usa de forma adecuada el EPP. Así pues, los EPP son fundamentales en cualquier local de hostelería o alimentos.

Fig. 9. Los equipos de protección son necesarios a la hora de manipular ciertas sustancias

A continuación, se describen algunos EPP fundamentales en todo local de la industria de alimentos:

- **Protección para los oídos.** Muchos procesos operativos generan niveles de ruido altos, por lo que, el personal debe proteger esa parte de las lesiones auditivas mediante tapones para los oídos o cascos protectores de oído.
- **Protección para los ojos.** Los riesgos son salpicaduras en la preparación de alimentos o los residuos que se liberan al operar cualquier máquina. Para proteger los ojos se deben usar gafas o pantallas faciales.
- **Protección para el sistema respiratorio.** La exposición directa y diaria a partículas de alimentos como las especias o la harina aumentan el riesgo de que el personal sufra enfermedades respiratorias. Por lo tanto, es conveniente usar mascarillas.
- **Protección para la cabeza.** Gorros o cofias.
- **Protección para las manos.** Guantes de vinilo o nitrilo.
- **Protección para los brazos y el cuerpo.** Para evitar salpicaduras y manchas es necesario usar delantales, calzado de protección, mangas protectoras y uniforme.

Además, la higiene en el área de lavado de una cocina profesional es de vital importancia para preservar la inocuidad de los alimentos.

El personal de la zona de lavado debe cumplir con los protocolos de Bioseguridad y las buenas prácticas de higiene personal, y deben llevar:

- Gorro o cofia.
- Uniforme impermeable.
- Delantal impermeable.
- Guantes.
- Calzado antideslizante y totalmente cubierto.

2.3. Utilización de uniformes del personal de restaurante-bar

El uniforme del personal de cualquier local de hostelería debe reflejar la imagen del restaurante y satisfacer las necesidades del equipo como herramienta de trabajo.

Fig. 10. Los uniformes tanto en sala como en cocina son obligatorios, ya que garantizan la seguridad del personal

Por lo tanto, se deben tener en cuenta los siguientes aspectos a la hora de elegir un uniforme para el personal:

- **Definir los valores del restaurante.** Es importante definir el mensaje que se desea transmitir. Por ejemplo, un restaurante de cocina asiática en un país europeo desea transmitir valores de su cultura, por lo que el uniforme se va a adecuar a la cultura asiática.

- **Tener en cuenta la clientela.** El uniforme es una herramienta de marketing a la hora de gestionar un restaurante que ayuda de forma estratégica a fidelizar clientes o, por el contrario, perjudica la reputación del negocio. Así pues, un restaurante de lujo requiere que el personal vista ropa elegante y formal con el color negro como protagonista.
- **Tener en cuenta las necesidades del personal.** Cada persona del equipo tiene su lugar, hay personas que se encuentran de cara al cliente y otras personas no, por lo que algunos uniformes como los de personal sala cumplen cánones estéticos y otros como el personal de cocina dan más prioridad a los materiales.

Anotación

Independientemente del diseño, es ideal que el equipo sienta comodidad y frescor con el uniforme, en vista de todas las horas que le tocará vestirlo. Puede ser hecho con telas que combinen materiales de origen natural (algodón) con materiales sintéticos (poliéster) para tener comodidad y durabilidad al mismo tiempo. En cuanto a la practicidad, es interesante que los delantales o trajes tengan bolsillos y compartimentos con cierres de velcro, por ejemplo, para facilitar las labores.

En cualquier negocio de hostelería debe existir un código de vestimenta y se debe cuidar la ropa de todo el personal, debe ser cómoda, resistente y moderna.

Por lo tanto, para el personal de cocina la mejor ropa es la siguiente:

- **Los gorros de cocina y los delantales.** No pueden faltar en la cocina.
- **Uniformes modernos para las cocinas más exigentes.** Estos uniformes permiten al personal tener una apariencia profesional y moderna.
- **Uniformes de personal de sala modernos.** Estos uniformes brindan un toque único al personal. Vestir de forma profesional y elegante es clave para dar una buena impresión al cliente. En la actualidad, existen muchas opciones como las camisas, los delantales, las corbatas, etc.

3. Aplicación de buenas prácticas medioambientales en el bar-cafetería

Cada vez hay más conciencia de la conservación y la preservación del medio ambiente y así proteger el futuro. Cualquier acción, pese a pequeña que sea tal como reducir el consumo de plástico, reciclar o usar el transporte público, es fundamental para la conservación del medio ambiente.

Se trata de acciones que ayudan a lograr un futuro sostenible para el mundo actual y para las generaciones futuras.

Esta es una idea con la que trabajan los establecimientos de hostelería en la actualidad que se preocupan por el medio ambiente. Por lo tanto, ¿qué se puede hacer para cuidar el medio ambiente en cualquier negocio de hostelería?

A continuación, se señalan algunos consejos para ello:

- **Usar envases vegetales y 100% reciclables.** Se identifican porque llevan una etiqueta de certificación ecológica. También puedes hacer que los envases de los cafés para llevar sean reciclables 100% con envase de cartón y la tapa biodegradable.
- **Comprar productos de temporada.** Si se eligen productos locales, se reduce la contaminación, el consumo energético y las emisiones de CO_2, ya que se evitan los traslados desde zonas lejanas, se respeta el ciclo natural de la producción y se colabora con el comercio local.
- **Apostar por café de cultivo sostenible.** El café es uno de los reclamos clave en un local de hostelería y si se añade que es un café de cultivo sostenible se convierte en un total éxito de ventas.
- **Reducir cantidad de residuos.** Se deben analizar los residuos del local, adaptar el menú, identificar los alimentos del menú que menos sales y que producen más pérdidas, etc.

Las recomendaciones para contribuir a la sostenibilidad del medio ambiente en los locales de hostelería requieren dedicación, pero a la larga se obtienen beneficios para el medio ambiente.

Fig. 11. Los residuos orgánicos se pueden usar para fabricar compost

3.1. Aplicación de medidas de protección ambiental

En los últimos años está cobrando fuerza otra manera de entender la gastronomía y la restauración, es decir, comer es un placer, pero también conlleva una responsabilidad ambiental.

Las personas son cada vez más conscientes de la importancia de la preservación del medio ambiente y la clientela valora mucho que el local sea respetuoso con el medio ambiente, recicle y reúse, ahorre energía y valore al personal. Estos son los valores que definen a los restaurantes sostenibles.

Según el vicepresidente ejecutivo de la Red de Asociaciones de Restaurantes Sostenibles Mario Cañadas explica que "en los años venideros los restaurantes van a tener que caminar hacia la sostenibilidad para adaptarse a las exigencias de los clientes, que valorarán mucho que el restaurante sea respetuoso con el medioambiente, y para cumplir las normativas públicas".

Fig. 12. Los restaurantes sostenibles son cada vez más frecuentes y son una gran estrategia de marketing

A continuación, se mencionan algunos requisitos para convertirse en un local sostenible:

- **Comida.** Los restaurantes sostenibles elaboran los platos con productos de temporada o locales, es decir, frutas y verduras que son cultivadas en el ciclo natural de estaciones del lugar donde se consumen, por eso en la carta hay pocos platos fijos.
- **Respetar y valorar al personal.** Los restaurantes sostenibles respetan y valoran al personal, promueven la formación para mejorar el conocimiento del personal y fomentan valores.
- **Residuos.** Estos negocios reciclan, separan residuos y hacen compost. Además, usan productos de un solo uso como servilletas de papel.
- **Transporte.** Se suele comprar el género a empresas cercanas y como consecuencia, menos consumo energético y menos contaminación.
- **Ahorrar energía.** Se llevan a cabo medidas como sensores de paso para la iluminación, desconexión de máquinas que no están en activo, se evita desperdiciar agua, etc.
- **Cuidar el agua.** El agua es un recurso que se usa mucho en hostelería.

Anotación

Los establecimientos sostenibles evitan el derroche de agua con un estricto mantenimiento de los equipos, auditorías y mejoras en los sistemas de gestión. Usan sistemas que minimizan el gasto en cadenas de los inodoros, cafeteras, lavavajillas y riego. También están abiertos a la implantación de nuevos sistemas de reciclaje de agua o recogida de agua de lluvia.

Por lo tanto, en la actualidad no existen sellos oficiales que certifican que un restaurante sea sostenible, aunque aumentan las certificaciones ISO 14001 de medio ambiente en hostelería, en la que se especifica que tanto hoteles como restaurantes apuestan por una mejora continua que va acompañada del cumplimiento normativo gracias a la importancia de la legislación ISO 14001 en hoteles y restaurantes.

Saber más

La ISO 14001 es la herramienta de gestión ambiental más extendida en el mundo. Hoteles y restaurantes pueden acreditar que cumplen con los requisitos que establece dicha norma y que han implantado un Sistema de Gestión Ambiental (SGA) que ayuda a prevenir los impactos ambientales, utilizando los medios necesarios para evitarlos, reducirlos o controlarlos, pero siempre manteniendo el equilibrio con la racionalidad socioeconómica, para la mejora continua.

3.2. Descripción de las condiciones para realización del vertido y evacuación de residuos y desperdicios

Gestionar los residuos en los locales de hostelería es una preocupación para todas las personas relacionadas con el sector. Es una cuestión que tiene mucha importancia debido a su contenido orgánico y con lo cual, pueden contener muchos microorganismos.

La gestión de los residuos se contempla en la Ley 22/2011, de 28 de julio, de residuos y suelos contaminados, donde aparecen catalogados bajo el epígrafe "residuos comerciales" y en el que se contemplan los "residuos generados por la actividad propia del comercio, al por mayor y al por menor, de los servicios de restauración y bares, de las oficinas y de los mercados, así como del resto del sector servicios".

En esta ley se mencionan los factores que se deben tener en cuenta a la hora de manipular los residuos de alimentos sin riesgos, como son la ubicación, el diseño de las instalaciones y los materiales.

Los establecimientos de hostelería generan muchos residuos de plástico, vidrios y orgánicos, algunos de los cuales, se pueden reciclar en la disposición marcada por los servicios comunes como son:

- **Contenedor verde.** Cristal y vidrio.
- **Contenedor azul.** Envases y materiales de cartón y papel.
- **Contenedor amarillo.** Envases y materiales de plástico y de latón, tetrabriks y latas de conserva y/o bebida.
- **Contenedor gris/marrón.** El contenedor marrón está destinado para los residuos orgánicos.

Fig. 13. El reciclaje en los restaurantes es fundamental para mantener la limpieza de los mismos

No obstante, están también los residuos grasos, los cuales deben ser recogidos por una empresa especializada y autorizada. Este reciclaje es obligatorio porque es un material muy contaminante.

Una vez tratados, estos residuos se usan para producir biocarburantes, jabones y otros usos.

El reciclaje de aceite, como uno de los principales residuos de los restaurantes, tiene como objetivo el cumplimiento de:

- La Ley 22/2011, de 28 de julio, de residuos y suelos contaminados.
- El Plan Nacional Integrado de Residuos (PNIR).
- Las recomendaciones de la Estrategia Temática sobre el Uso Sostenible de Recursos Naturales europea.
- La Política Energética Europea de producción de energía renovable a través de la producción de biocombustibles.

En cuanto a la gestión de los residuos de los restaurantes, se debe establecer un sistema de aislamiento desde su producción hasta su eliminación. Una idea es utilizar recipientes cerrados de forma hermética en las zonas de cocina.

También es muy importante determinar dónde se instalarán los contenedores de basura, fabricados con material resistente y con suficiente capacidad. Su ubicación se hará en zonas específicas, fáciles de limpiar y desinfectar, y completamente aisladas de las zonas de circulación y almacenaje de los alimentos.

Por último, la evacuación de los residuos debe ser periódica para evitar la acumulación.

Algunas recomendaciones para gestionar los residuos de los restaurantes son:

- Retirar la basura de las cocinas para evitar malos olores, contaminación y aparición de organismos nocivos.
- Instalar recipientes y cubos de basura antigoteo, a prueba de agua y plagas, y con tapas herméticas o bien ajustadas.
- Limpiar completamente y con frecuencia los contenedores donde se acumula la basura.

- Evitar la generación masiva de residuos en la cocina del restaurante gracias a la definición de menú, la rotación de productos (sobre todo de producto fresco), y la compra inteligente.

3.3. Reciclaje, reutilización y reducción de residuos

El reciclaje, la reducción y la reutilización de residuos no son tareas muy complicadas si se conoce exactamente qué materiales se pueden reciclar. Si se trata de una empresa de hostelería se debe tener en cuenta cómo reducir desechos, es decir, en lugar de usar platos y vasos descartables, se deben cambiar por menaje de vidrio, ya que a la larga se reducen desechos y se ahorra.

Asimismo, se deben usar menos bolsas de plástico y utilizar bolsas de tela, de esta manera, se ayuda a la conservación del planeta. Otra idea es utilizar los propios recipientes a la hora de pedir comida para llevar. A esta clientela se le puede dar alguna recompensa como un descuento.

Por otro lado, formar al personal en el reciclaje es fundamental en la actualidad. Se deben colocar cubos para papel, plástico, desechos orgánicos y vidrio.

Además, en los establecimientos de hostelería hay productos que caducan o la clientela no termina todo lo que tiene el plato, por lo que, se pueden juntar esos desechos y hacer compost con esos desechos.

En lo que se refiere al aceite usado para freír la comida, hay que tener en cuenta que, si se echa por el desagüe, puede causar problemas como bloqueo de las tuberías.

Además, un litro de aceite de cocina contamina unos mililitros de agua. Lo que se debe hacer es verterlo en un contenedor de plástico y que sea recogido por una empresa autorizada.

 **Saber más**

El aceite también se puede reciclar. Por ejemplo, en España son cada vez más los municipios que disponen de "puntos limpios" donde puede dejarse el aceite usado para su reciclaje, el cual generalmente convierten en biodiésel.

3.4. Aplicación de la reducción de consumos. Ahorro y alternativas energéticas. Uso eficiente del agua

Ahorrar energía en cualquier establecimiento de hostelería ofrece una serie de beneficios que ayudan a reducir costes y reducir el impacto medioambiental. Otros beneficios de ser ecológicos son percibir el sentimiento positivo de estar contribuyendo al medio ambiente y generar un reclamo para la clientela eco-responsable.

A la hora de gestionar un negocio, existen muchos costos fijos que no se pueden controlar, tales como el alquiler del local, el coste de los suministros o los costes de gestión de residuos.

No obstante, hay otro tipo de gastos que se controlan hasta cierto punto, tales como el uso de la iluminación, el consumo de agua y la calefacción. Los establecimientos de hostelería que se preocupan por el medio ambiente ven disminuir las facturas de luz y agua.

Fig. 14. Mediante el reciclaje se contribuye a la preservación y conservación del medio ambiente

A continuación, se describen algunas recomendaciones para ahorrar energía en los establecimientos de hostelería:

- **Utilizar equipos calificados como *"ecoeficientes"* o etiqueta de máxima eficiencia.** Muchas empresas fabricantes de aparatos para establecimientos de hostelería disponen de líneas de aparatos ecoeficientes y usar esos aparatos puede hacer ahorrar al negocio mucho dinero al año. Un ejemplo es usar los secadores de mano de aire frío, son más caros, pero más eficientes que los de aire caliente.
- **Limpiar y mantener a punto el equipo.** Si no se lleva un mantenimiento regular de los equipos, se produce un aumento de las averías y como consecuencia, de los costes. Se deben usar los sistemas de filtración de agua y así, evitar la calcificación.
- **Reducir el consumo de agua.** Se deben comprar aparatos que ayudan a ahorrar agua, como los tiradores de doble pulsación para los sanitarios, sin olvidar arreglar las fugas.
- **Utilizar iluminación de bajo consumo.** Por ejemplo, las bombillas LED, las bombillas CFL o las halógenas.
- **Disminuir la temperatura del agua.** La temperatura para el lavado de platos es de unos 90 ºC, pero muchos equipos están programados por encima de esa temperatura, por lo tanto, se deben verificar los requisitos de la normativa de la región y optimizar la temperatura del agua.
- **Reducir la temperatura ambiente en la cocina.** Por ejemplo, usar equipos de inducción, campanas de condensación y aparatos de aire acondicionado.
- **Apagar el equipo inactivo y la iluminación.** Durante el momento de inactividad, se deben cerrar los fogones y demás aparatos. Además, se deben usar los temporizadores de luz para el exterior.
- **Hacer que la distribución de la cocina sea más eficiente.** Es conveniente colocar juntos los equipos de calefacción y, por otro lado, los equipos de refrigeración.
- **Motivar al personal.** Es necesario informar al personal sobre estas conductas ecoeficientes. Además, colocar carteles a modo de recordatorio sobre los aparatos o junto a interruptores de la luz ayuda a que se cumplan las normas.
- **Controlar las facturas.** Analizar las facturas y llevar a cabo un plan de acción para reducir el consumo.

Muchas de estas ideas solo necesitan un cambio de mentalidad y de hábitos en el día a día para ponerlas en práctica. Otras suponen una inversión económica para adquirir electrodomésticos que sean más eficientes energéticamente y permitan ahorrar agua en cada uso.

En cualquier caso, con estas medidas se notará un importante ahorro en las facturas y se contribuirá al cuidado del medioambiente.

3.5. Propuesta de medidas correctivas

En los establecimientos de hostelería, la seguridad y la limpieza son elementos fundamentales que aseguran la integridad física del personal y la salud de la clientela que va al local. Por todo esto, hay normativas europeas, nacionales e internacionales que regulan los requisitos y las condiciones de los establecimientos.

Para aplicar las medidas de seguridad e higiene, es conveniente conocer las características específicas de cada establecimiento y, como consecuencia, saber qué medidas seguir.

Anotación

No es lo mismo un sitio con diversos comedores y una plantilla numerosa que un local o un café atendido por sus propios dueños. Los equipos de trabajo de una cafetería, bar, restaurante de comida rápida o con autoservicio deben cumplir con las indicaciones mencionadas en las normativas vigentes que alcancen a cada empresa o emprendimiento.

Además, se deben tener en cuenta las normativas de cada zona y las guías de buenas prácticas para las diferentes áreas en el establecimiento de hostelería.

Fig. 15. Es conveniente formar al personal para evitar posibles accidentes en las zonas de trabajo

Seguir las normas del área de hostelería es una garantía y una obligación para la clientela y para el personal. De esta manera, se asegura de proteger al personal que trabaja y a la clientela de los posibles problemas que puedan surgir en cualquier área.

Por lo tanto, es conveniente tener en cuenta quién trabaja en la cocina y formar a esas personas, ya que al trabajar en un lugar reducido y lleno de riesgos existe riesgos de accidentes por suelos resbaladizos, etc.

En consecuencia, se deben tener en cuenta los siguientes consejos:

- Instalar suelos antideslizantes, como alfombrillas de goma, y brindar calzados con suela antideslizante al personal de cocina para evitar resbalones.
- Comprar únicamente maquinaria, utensilios y ropa de trabajo con el marcado CE o que cumplan con las normas específicas.
- Mantener las picadoras, las freidoras, las cortadoras de fiambre y las batidoras siempre desenchufadas.
- Colocar los cuchillos en el soporte correspondiente.
- En cuanto a las normas de seguridad en la sala del restaurante, es conveniente que usan servilletas en las manos cuando se transportan líquidos calientes, no llenar los recipientes hasta el borde. También, se debe verificar la vajilla de forma regular, retirar el vidrio roto, evitar retirar un vaso roto con las manos.

- En cuanto a la infraestructura del local, es necesario llevar a cabo un mantenimiento adecuado de la instalación eléctrica y de la iluminación. Se deben disponer de extintores activos y alarmas de incendio en sala y cocina.
- En referencia a las normas de seguridad e higiene y seguridad en un restaurante, decir que los restaurantes deben mantener altos estándares de limpieza, ya que el consumo de productos en mal estado pueden causar intoxicaciones leves o infecciones graves. Las normas de higiene determinan los requisitos mínimos para garantizar los estándares.

A continuación, se describen algunas indicaciones que se deben seguir para garantizar la limpieza del área:

- Lavarse las manos periódicamente con jabón desinfectante y no manipular alimentos sin guantes.
- Toser, sonarse la nariz o estornudar dentro de un pañuelo.
- En caso de heridas, curarlas y cubrirlas.
- Limpiar las máquinas a diario, pero únicamente cuando estén desenchufadas y según las instrucciones del fabricante.
- Conservar los productos alimenticios en orden, etiquetados y con su fecha de almacenamiento y vencimiento, si fuera necesario.
- Eliminar los desechos como corresponde.

Importante

En cambio, los derrames en el suelo deben eliminarse inmediatamente. Es importante colocar un cartel de "suelo mojado" cuando el piso esté todavía húmedo. Si se utiliza cera, deberá ser antideslizante. No hay que olvidar mantener el suelo de las cámaras frigoríficas libre de grasa y restos de alimentos.

4. Aplicación de las medidas de prevención y seguridad laboral

El trabajo que se lleva a cabo en los establecimientos de hostelería conlleva una serie de riesgos que pueden afectar a la salud y seguridad del personal y de la clientela que acude al establecimiento. Por lo tanto, es necesario adoptar las medidas preventivas para evitar cualquier accidente en el establecimiento.

Muchos de los riesgos relacionados con los puestos de trabajo en un establecimiento de hostelería se pueden evitar si se realiza un diseño adecuado del espacio, una formación al personal y una adecuada organización del trabajo.

Fig. 16. Uno de los accidentes más comunes en las cocinas de restaurantes son los incendios

Además, detectar y conocer los riesgos asociados a la actividad laboral son el primer paso para reducir o evitar riesgos y accidentes laborales. Por todo esto, es fundamental informar al personal sobre los diferentes planes de actuación en caso de accidentes en el área de trabajo.

4.1. Identificación de las condiciones específicas de seguridad que deben reunir los locales, instalaciones, mobiliario, equipos, maquinaria y pequeño material - Interpretación de las especificaciones

Trabajar en la cocina de un establecimiento de hostelería implica riesgos de accidentes, de ahí que conocer los factores de riesgo laborales de las cocinas y elaborar un plan de prevención de riesgos es necesario para garantizar la seguridad y la salud del personal que trabaja en la cocina.

Por lo tanto, la prevención de los riesgos es vital y, en consecuencia, informar al personal del plan y formar sobre los factores de riesgo y cómo prevenirlos es fundamental.

A continuación, se mencionan los riegos laborales en las cocinas profesionales y las correspondientes medidas de prevención.

En cuanto a las heridas por pinchazos o cortes, se trata uno de los accidentes más comunes en una cocina, sucede, sobre todo, por la mala manipulación de utensilios como pinchos o cuchillos, máquinas cortadoras, licuadoras, etc.

Fig. 17. Es conveniente que las heridas se desinfecten y se cubran

Las medidas preventivas para las heridas de pinchazos y cortes son las siguientes:

- Conservar los cuchillos y utensilios de corte y punzantes bien afilados y tener mango antideslizante.
- Capacitar al personal en el buen uso de la maquinaria y los equipos del área de una cocina industrial.
- Desconectar siempre la corriente eléctrica cuando se vaya a realizar la limpieza y mantenimiento de la maquinaria y equipos.
- Usar equipo de protección individual adecuado para cocinas profesionales.
- Los resbalones y accidentes por caídas son otros de los riesgos profesionales en las cocinas, se debe por los derrames de líquidos y las salpicaduras en toda cocina.

Además, cuando se lava a mano existe riesgo de derrame de agua o productos como los detergentes, los cuales son muy resbaladizos y pueden causar accidentes en la cocina.

En cuanto a las medidas preventivas en el caso de caídas y resbalones se pueden señalar las siguientes:

- Se recomienda que en el área de cocina todos los pisos sean antideslizantes.
- Se debe limpiar inmediatamente el piso cuando haya derrames o salpicaduras.
- Instalar carteles y señalización de "suelo mojado" al momento de hacer este tipo de limpieza.
- Usar siempre escaleras fijas para acceder a zonas altas.
- Usar calzado antideslizante.

Además, el uso de equipo, alimentos y utensilios a temperaturas muy altas es un riesgo muy peligroso en la cocina, por lo que es importante capacitar al personal en las buenas prácticas para la manipulación de altas temperaturas.

En cuanto a las medidas preventivas para las quemaduras y el contacto térmico destacan:

- Orientar los mangos de las ollas, sartenes y demás utensilios en dirección hacia los fogones.
- Nunca echar agua sobre sartenes y utensilios calientes o en llamas.
- Colocar cuidadosamente los alimentos en el aceite caliente cuando se vaya a freír.
- Utilizar equipo de seguridad y protección personal para manipular alimentos a altas temperaturas.
- Riesgos biológicos. Es importante conocer e implementar medidas de higiene y manipulación de alimentos para evitar la propagación de virus, hongos y bacterias.

Las medidas de prevención para riesgos biológicos son las siguientes:

- El personal debe conocer e implementar las buenas prácticas de higiene y manipulación de alimentos.
- Se deben instalar lavamanos y dispensadores de gel desinfectante de acuerdo a los nuevos protocolos de bioseguridad.
- En caso de una herida se debe desinfectar de inmediato y colocar un apósito impermeable.

- Utilizar equipo de seguridad y protección personal de acuerdo con los protocolos de bioseguridad vigentes.

4.2. Interpretación de las especificaciones

La identificación de condiciones específicas de seguridad y la interpretación de especificaciones son pasos fundamentales para garantizar un entorno laboral seguro y saludable. Esto requiere comprender y cumplir con las normativas y regulaciones pertinentes, así como implementar medidas de seguridad adecuadas en todos los aspectos del trabajo, desde las instalaciones hasta el manejo de equipos y materiales.

Es fundamental interpretar las especificaciones a la luz de las normativas y regulaciones de seguridad laboral aplicables. Esto puede incluir leyes federales, estatales o locales, así como estándares industriales específicos o directrices emitidas por organizaciones de salud y seguridad ocupacional.

La interpretación precisa de estas normativas garantiza el cumplimiento legal y la implementación de prácticas de seguridad adecuadas en el lugar de trabajo.

Las especificaciones pueden detallar requisitos específicos sobre el diseño y la construcción de instalaciones, equipos y mobiliario. Esto puede incluir dimensiones mínimas de espacios de trabajo, resistencia a materiales específicos, capacidad de carga de estructuras, entre otros.

Fig. 18. Es necesario revisar de forma regular los procedimientos de seguridad y revisar los riesgos

La interpretación adecuada de estos requisitos garantiza que las instalaciones y equipos estén diseñados y construidos de manera segura y cumpliendo con los estándares establecidos.

Las especificaciones pueden contener instrucciones detalladas sobre procedimientos de seguridad y manejo de equipos. Esto puede incluir cómo operar y mantener de manera segura ciertos equipos, protocolos de emergencia, requisitos de capacitación para los trabajadores, entre otros.

Es fundamental interpretar correctamente estas especificaciones para garantizar que los trabajadores estén debidamente informados y capacitados sobre los procedimientos de seguridad y manejo de equipos, lo que reduce el riesgo de accidentes y lesiones.

La interpretación de especificaciones también implica evaluar los riesgos potenciales asociados con las operaciones laborales y tomar medidas para mitigarlos.

Esto puede implicar identificar peligros específicos en el lugar de trabajo, como riesgos eléctricos, caídas, exposición a sustancias químicas peligrosas, y luego implementar controles de ingeniería, administrativos y de equipo de protección personal (EPP) para reducir estos riesgos a un nivel aceptable.

La interpretación de las especificaciones debe ser un proceso dinámico que incluya la actualización continua de los procedimientos y prácticas de seguridad a medida que cambian las condiciones en el lugar de trabajo o surgen nuevas regulaciones. Además, el mantenimiento regular de equipos y la revisión periódica de los procedimientos de seguridad son esenciales para garantizar su eficacia a lo largo del tiempo.

Anotación

Para que los trabajadores de la industria de alimentos puedan desarrollar sus labores de manera segura, es necesaria la implementación de los Equipos de Protección Personal (EPP), para garantizar su seguridad y asegurar que realicen sus labores de manera correcta.

4.3. Identificación y aplicación de las normas específicas de seguridad en restauración

A continuación, se enumeran algunas de las normas básicas de seguridad en las cocinas de establecimientos de hostelería:

- **Usar vestimenta correcta.** Trabajar con uniformes es una norma de seguridad. La ropa debe permitir libertad de movimiento y debe ser de la talla correcta, ya que si es demasiado ancha podría engancharse. Los gorros y las redecillas con necesarias para evitar que caigan cabellos a los platos.
- **El suelo tiene que estar limpio y libre de obstáculos.** No es solamente una cuestión de higiene, lo es también de seguridad. Si se produjeran derrames de sólidos o líquidos y no se limpia, aumenta el riesgo de resbalones y caídas. Además, es necesario que los espacios de trabajo estén bien despejados para que el personal pueda moverse rápidamente sin tropezar con nada.
- **Una ventilación correcta.** A pesar de que el gas es seguro, la acumulación podría dar lugar a una explosión, por lo que es conveniente que la cocina esté ventilada y así se reduce el riesgo de incendio.
- **Contar con un botiquín.** Un botiquín de primeros auxilios es necesario en la cocina y debe incluir vendas estériles, algodón, crema para quemaduras y medicamentos para el dolor.
- **Normas de limpieza y normas de almacenaje en la cocina.** Conocer las normas de higiene y seguridad permite ofrecer un mejor servicio y evitar problemas como la contaminación cruzada.
- **Colocar cada cosa en su lugar.** Los productos de limpieza deben guardarse en lugares alejados de los alimentos. Además, los alimentos se deben almacenar de forma correcta sin mezclarse.
- **Higienización de las manos.** Es necesaria la limpieza adecuada de manos, antebrazos y brazos antes de la preparación de la comida. Secarse las manos con papel desechable. La limpieza de las manos se debe realizar cada vez que se manipulen productos crudos o alimentos preparados. Si hay heridas deben cubrirse y usar guantes desechables.
- **Prohibición de usar complementos.** Las uñas deben estar limpias y cortas y no se pueden llevar ningún tipo de joyas.

Hay que establecer una estructura de organización tanto en los armarios y las estanterías como en la cámara frigorífica y respetarla siempre. Los envases se rotularán con el nombre del producto y la fecha de caducidad, debiendo asegurarse los empleados de que los envases están siempre en óptimas condiciones.

Son bastantes las medidas de seguridad y normas de almacenaje en la cocina, pero resultan fáciles de seguir una vez que se convierten en rutina. El resultado es una cocina mucho más segura para todos y un lugar de trabajo de la máxima calidad.

Fig. 19. No se deben usar joyas, ya que pueden causar accidentes con algunos aparatos o caer dentro de los platos

4.4. Aplicación de medidas de prevención y protección en las instalaciones y utilización de máquinas, equipos y utensilios

En este apartado se describen los riesgos que pueden surgir en los establecimientos de hostelería y las medidas preventivas asociadas:

La utilización de tijeras, cuchillos y otros utensilios o aparatos de cocina que se usan durante la elaboración y la preparación de platos pueden causar cortes o heridas. Hay que usar cuchillos muy bien afilados y mangos antideslizantes, realizar el corte en dirección contraria al cuerpo y apoyar siempre en superficie estable. Una vez usado hay que colocarlo en su funda, secar los cuchillos con un trapo y no usar los cuchillos como abrelatas.

En cuanto a las picadoras, usar los empujadores y los resguardos durante el uso de las cortadoras de carne y embutidos, no meter los alimentos con las manos, desconectar el equipo de la electricidad para la limpieza y no llevar anillos o pulseras, ya que pueden engancharse en la máquina.

Los cristales se deben recoger del suelo y se deben usar recogedores adecuados.

También, mientras se usan los hornos, freidoras o fogones se suelen producir salpicaduras de aceite o agua hirviendo, además de derrames de contenido de ollas o cacerolas que causan quemaduras.

En cuanto a las medidas de prevención, se deben usar guantes de protección para los contactos térmicos a la hora de mover sartenes u ollas que estén en hornos, y al retirar los platos del lavavajillas.

Freidoras, sartenes y cacerolas deben mantener la tapa bajada al retirar o introducir alimentos, no llenar hasta arriba y evitar que el aceite se caliente mucho, no dejar caer los alimentos directamente sobre el aceite caliente y utilizar un cestillo.

 **Importante**

No se debe utilizar ropa holgada, anillos, pulseras o relojes que puedan engancharse en los mangos de las sartenes u otros utensilios de cocina.

En el interior de las cámaras frigoríficas o congeladores las temperaturas son muy bajas. Hay que utilizar ropa de protección individual para el frío, permanecer el tiempo estrictamente necesario en las cámaras.

También, la suciedad y la desorganización o la presencia de objetos fuera de su lugar ocasionan caídas, choque o resbalones.

 **Importante**

No colocar los diferentes utensilios de cocina como ollas, sartenes, bandejas, etc., en el borde de las mesas de trabajo o encimeras. Hay que mantener las zonas de paso libres de obstáculos como carros auxiliares, cubos de basura, etc.

En cuanto al almacenamiento de productos alimenticios, se debe colocar los paquetes y latas en las estanterías sin sobrecargar las mismas, reservar la parte más alta y baja para los más ligeros, y los productos más pesados en las estanterías más accesibles.

Los objetos más punzantes hay que colocarlos en cajas pequeñas, dejar los pasillos libres entre las estanterías y utilizar las escaleras de mano para acceder a paquetes situados en las alturas.

En referencia a las escaleras manuales, hay que asegurarse de que estén en perfecto estado.

Fig. 20. Es conveniente protegerse con guantes o manoplas antes de coger una olla a alta temperatura

La utilización en la cocina de equipos eléctricos como las picadoras, freidoras, batidoras, etc., puede representar un riesgo de contacto eléctrico.

Hay que revisar el estado de los equipos eléctricos antes de usarlos, no realizar ninguna reparación provisional, y si se encuentra algún defecto hay que comunicarlo y desconectar los equipos de la red para limpiarlos.

No tirar del cable para desconectar el equipo de la toma de corriente y no conectar equipos si existe algún defecto. En cuanto a los cuadros eléctricos, no manipular su interior y respetar la señal de advertencia de riesgo eléctrico.

Muchos de los productos de limpieza contienen sustancias químicas que pueden ocasionar intoxicaciones o eczemas en la piel si no se usan de forma adecuada. Se deben leer las etiquetas antes de usarlos.

4.5. Identificación de situaciones de emergencia: Procedimiento de actuación, aviso y alarmas

La forma más efectiva de luchar contra los incendios es prevenirlos. Muchos de los incendios que surgen en las cocinas de establecimientos de hostelería se deben a descuidos o acciones puntuales.

Por lo tanto, se deben llevar a cabo una serie de medidas de prevención, entre las que destacan las siguientes:

- No fumar en el lugar de trabajo, la normativa lo prohíbe.
- No sobrecargar la instalación eléctrica conectando varios aparatos a una misma toma.
- No depositar materiales combustibles: papeles, cartones, plásticos, etc., cerca de posibles focos de ignición como radiadores o calefactores portátiles; y no aproximes estos a cortinas o tejidos.
- Mantener las vías de evacuación y salidas de emergencia libres de obstáculos, así como el acceso a los extintores, bocas de incendio y pulsadores de emergencia.

Para actuar de forma segura y rápida en caso de incendio, se deben conocer las normas de actuación que se recogen en el Plan de Emergencia de cada empresa y que esta debe facilitar e informar a todo el personal.

Fig. 21. Las salidas de emergencia deben estar totalmente señalizadas

En primer lugar, si se descubre un incendio, se debe mantener la calma y comunicar la situación de alarma siguiendo las instrucciones del Plan de Emergencia.

Si llega la orden de evacuación, se debe abandonar el puesto de trabajo sin entretenerse a recoger objetos personales, dirigirse de forma rápida al punto de reunión exterior por la vía de evacuación más cercana, esperar allí hasta nueva orden.

No usar ascensores o montacargas, seguir las instrucciones del jefe de emergencias, y si se debe pasar un lugar con humo colocarse un pañuelo húmedo sobre las vías respiratorias.

 **Importante**

En caso de quedarse atrapado, tapar con trapos todas las rendijas por donde pueda penetrar el humo, y mantener las vías y salidas de evacuación libres de obstáculos.

En cuanto a los accidentes, en el momento en el que se produce un accidente, una actuación rápida puede salvar la vida o evitar empeorar las lesiones.

Ante cualquier accidente se debe recordar la palabra **PAS** (proteger, avisar, socorrer) palabra clave para comenzar a atender a la persona accidentada.

En todo momento se debe mantener la calma, no mover a la persona herida, tranquilizarla y no medicarla. Si la persona ha sufrido una quemadura, se debe aplicar agua sobre la zona quemada y cubrir con una gasa húmeda. No pinchar las ampollas.

4.6. Reconocimiento de los planes de emergencia y evacuación. Primeros auxilios

La Prevención de Riesgos Laborales se define como el conjunto de medidas y actividades que se deben llevar a cabo en la empresa con el objetivo de disminuir o evitar las posibilidades de que el personal de cualquier empresa pueda sufrir algún daño como resultado del trabajo. Estos daños pueden ser lesiones, accidentes, patologías o enfermedades que se derivan del trabajo realizado.

El plan de Prevención de Riesgos Laborales de una empresa se basa en evaluar los riesgos que existen. Por lo tanto, al conocer los posibles riesgos laborales que existen, se van a poder definir las medidas de prevención con el objetivo de evitar y disminuir los posibles riesgos existentes en los puestos de trabajo.

Cuando se produce una emergencia es fundamental que todo el personal tenga claro las acciones y los procedimientos que se deben seguir. Los planes de emergencia dan la opción de organizar las acciones que cada persona debe realizar al momento de un accidente. Así es más fácil actuar de forma correcta y segura y evitar empeorar la situación.

Por lo tanto, algunas recomendaciones para elaborar un plan de emergencia son las siguientes:

- **Analizar las amenazas y riesgos.** Se deben identificar los principales elementos que pueden causar riesgos adicionales. Para llevar a cabo una correcta evaluación se debe revisar el entorno de trabajo, es decir, si hay materiales peligrosos o residuos, etc., tener en cuenta la distancia entre la empresa y los servicios de emergencia, examinar los espacios de trabajo comprobando que no existan elementos que podrían interferir el trabajo, revisar el estado de las instalaciones de agua, gas y electricidad, señalar el acceso a equipos de protección contra incendios, equipos de primeros auxilios o las luces de emergencia.

- **Evaluar los recursos disponibles.** Comprobar los recursos disponibles e instalar o reparar lo que sea necesario y realizar un inventario de los elementos de seguridad que tiene la empresa.
- **Definir acciones y grupos de apoyo.** Señalar las vías de evacuación, establecer zonas de seguridad internas y externas, determinar los tiempos de evacuación, formar al personal en prevención de riesgos laborales y para ejecutar el plan de emergencia.
- **Diseñar un plan en papel.** En este diseño se deben identificar todas las áreas de la empresa, los pasillos, las salidas de emergencia, las zonas seguras, etc.
- **Evaluar el plan y compartir.** Compartir el plan con todo el personal, escuchar la opinión del personal respecto al plan.

Es muy importante estar preparado con conocimientos de primeros auxilios para actuar en caso de emergencia sanitaria, ya que nunca se sabrá cuando se podría generar un accidente de salud en nuestro restaurante.

Los primeros auxilios son los primeros procedimientos y técnicas que se proporcionan a personas víctimas de accidente o víctimas de una dolencia repentina en el lugar en el que se ha producido el accidente sin necesidad de formar parte del cuerpo de sanitarios.

Hay que destacar que los primeros auxilios no sustituyen la atención médica profesional, pero sí que son muy importantes y evitan que la situación se agrave y consiguen que la víctima se mantenga hasta que llega la asistencia médica y sea trasladada al hospital. Entre los objetivos de los primeros auxilios se mencionan los siguientes:

- Evitar complicaciones.
- Conservar la vida.
- Asegurar el traslado de la víctima a un hospital.
- Ayudar en la recuperación de la víctima.

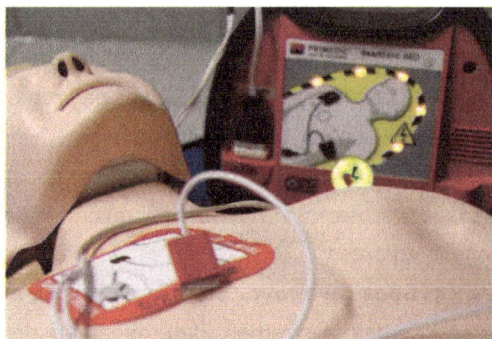

Fig. 22. Los primeros auxilios brindados durante los primeros minutos tras un accidente son claves para salvar vidas

Los primeros auxilios son inmediatos porque deben realizarse de forma rápida; son limitados, ya que la persona que brinda ayuda a la víctima no cuenta con todos los conocimientos que tiene el personal sanitario y son temporales, puesto que se realizan durante un tiempo corto hasta que llegan los servicios de emergencia o hasta que la víctima se traslada al hospital.

Normalmente, las emergencias que requieren los primeros auxilios son la asfixia por sofocación o inmersión, las descargas eléctricas, el ataque cardíaco, los traumatismos graves y las obstrucciones de las vías aéreas.

Por lo tanto, a la hora de realizar los primeros auxilios, hay que actuar con confianza y seguridad sabiendo qué se va a hacer, conservar la calma, evitar el pánico, no alejarse de la víctima y solicitar ayuda.

La maniobra de RCP se usa para salvar vidas y combina las compresiones torácicas con la respiración boca a boca. Las compresiones torácicas mantienen la sangre oxigenada circulando hasta que se vuelva a restablecer la respiración y el ritmo cardíaco, y la respiración boca a boca proporciona oxígeno a los pulmones de la persona.

Los pasos a seguir en la realización de la maniobra RCP en personas adultas son:

- Mover de forma suave los hombros de la víctima y preguntar si puede escuchar para saber el estado de conciencia de la persona. Si no responde y respira con dificultad, hay que continuar con los siguientes pasos.
- Llamar al 112 para solicitar ayuda de profesionales médicos.
- Comenzar con la maniobra de reanimación cardiopulmonar.
- Comprobar el estado de la víctima. Si la víctima no ha recuperado la conciencia, hay que continuar con las compresiones hasta que llegue la ayuda médica.
- En el caso de que la víctima haya recobrado la conciencia, hay que colocarla de lado o en la posición de recuperación hasta que llegue la ayuda médica.

 Anotación

La posición de recuperación se realiza extendiendo los brazos y las piernas a la víctima. Luego se le coloca el brazo más cercano a la persona que ejecuta los primeros auxilios en ángulo recto al cuerpo, con el codo flexionado y la palma de la mano hacia arriba.

Para comenzar la maniobra RCP se debe:

- En primer lugar, comprimir hacia abajo el tórax de la víctima hasta hundirlo entre 5 y 6 cm, mantener los brazos extendidos, apoyar una mano en el centro inferior del esternón, colocar la otra mano sobre la primera y entrelazar los dedos.
- Realizar 30 compresiones ininterrumpidas.
- Repetir cinco ciclos.
- Hacer entre 100 y 120 compresiones por minuto.
- Comprobar si la víctima se ha recuperado, en caso negativo continuar con las compresiones.

Para realizar las compresiones de manera adecuada hay que:

- Arrodillarse al costado del tórax de la víctima, de cualquier lado, y colocar la palma de una de las manos sobre el centro del tórax, en el esternón.

- Poner la otra mano encima de la anterior, y asegurarse de no tocar las costillas de la víctima con los dedos.
- Avanzar los hombros de manera que queden directamente encima del esternón de la víctima. Mantener los brazos rectos y usar el peso del cuerpo para transmitir la presión sobre las manos. El esternón de la víctima debe bajar al menos 5 cm.
- Liberar por completo la compresión sobre el esternón sin retirar las manos para permitir que el tórax vuelva a su posición de reposo y el corazón se llene con sangre.

Asimismo, los pasos a seguir para realizar la RCP a lactantes y niños y niñas cambian un poco, ya que tienen menor tamaño y grosor que las personas adultas.

En cuanto a las medidas que toda persona debe llevar a cabo ante una emergencia sanitaria se encuentran:

- **Proteger.** Comprobar si la persona está segura.
- **Avisar.** Avisar a los servicios sanitarios para pedir ayuda.
- **Socorrer.** Administrar las maniobras de primeros auxilios con una actitud tranquila y profesional.

El atragantamiento es uno de los problemas más comunes que se suele dar en los restaurantes. Normalmente, los servicios sanitarios suelen tardar unos minutos en llegar al lugar, por lo que el personal debería realizar los primeros auxilios de la siguiente manera: colocarse detrás de la persona, inclinarla hacia delante y golpear su espalda. Si no se consigue solucionar el problema se debe realizar la maniobra de Heimlich.

La obstrucción de la vía aérea o atragantamiento puede ocurrir a cualquier persona de cualquier edad. Por ejemplo, es muy habitual entre niños y niñas llevarse objetos a la boca.

Igualmente, también puede suceder a adolescentes o personas adultas al ingerir bocados muy grandes o ingerir un hueso o espina por accidente. Cuando ese objeto o trozo de alimento se queda atorado en la garganta va a impedir que llegue oxígeno a los pulmones. Ante una situación así, se debe actuar de inmediato para evitar que la persona se asfixie.

Si la persona no puede escupir el alimento u objeto que está atorado en la garganta, hay que llevar a cabo la maniobra de Heimlich.

En lo que se refiere a esta maniobra en personas adultas, generalmente, cuando una persona se atraganta y no puede respirar, el primer signo que se observa es que se lleva las manos al cuello y cara y cuello enrojecen.

A continuación, se enumeran los pasos a seguir:

- Abrazar a la persona por la espalda y por debajo de los brazos.
- Colocar un puño de una mano, cuatro dedos por encima del ombligo.
- Colocar la otra mano sobre el puño.
- Doblar el cuerpo hacia adelante.
- Hacer presión sobre el abdomen hacia atrás y hacia arriba.
- Continuar con la maniobra hasta que el objeto sea expulsado.

Si la persona que se ha atragantado y no puede respirar se encuentra sentada, se deben seguir los siguientes pasos:

- Colocarse detrás a la misma altura que el cuerpo de la persona que está sentada.
- Abrazar a la persona por debajo de los brazos.
- Colocar un puño cerrado a cuatro dedos por encima del ombligo y colocar la otra mano encima del puño.
- Presionar hacia delante y hacia arriba con el objetivo de expulsar el objeto que ha obstruido las vías aéreas.
- Repetir la maniobra hasta 5 veces.

En caso de hemorragia o corte profundo, es recomendable disponer de un botiquín de primeros auxilios con todo lo necesario. Si se trata de una herida profunda o comienza una hemorragia, se debe taponar la herida con una gasa o los dedos.

Si la persona está inconsciente, hay que controlar si tiene signos vitales como el latido o la respiración. Es necesario realizar la maniobra RCP.

Anotación

Estas tres metodologías son formación básica para todo trabajador de hostelería, ya que no se sabe en qué momento va a surgir una situación así en un local. Sería recomendable que todo el personal estuviera preparado para poder reaccionar ante estas situaciones.

En cuanto a las quemaduras, son lesiones de los tejidos blandos y de la piel desarrolladas por contacto con el fuego, la electricidad, el frío, líquidos hirviendo o productos químicos.

La gravedad de las quemaduras depende de la temperatura del medio que ha originado la quemadura, de su ubicación, de la duración de la exposición a la temperatura, de la edad y del estado físico de la persona.

Las quemaduras cutáneas se pueden clasificar en función de la extensión y de la profundidad. Según la profundidad, pueden ser de primer grado, cuando se destruye la capa superficial de la piel que es la epidermis y se produce un enrojecimiento de la piel y dolor intenso, pero no quedan secuelas.

Las quemaduras de segundo grado son en las que se destruye la epidermis y un espesor de la dermis, se producen ampollas y dolor intenso.

Las quemaduras de tercer grado, afectan a todas las capas de la piel. No hay dolor, ya que se produce la destrucción de las terminaciones nerviosas.

Por lo tanto, las medidas a tomar ante una quemadura son:

- En primer lugar, se debe eliminar la causa.
- Acostar a la víctima con la cabeza más baja que el tronco.
- Realizar una primera observación y revisar los signos vitales.
- Se deben buscar otras posibles lesiones como fracturas o hemorragias.
- Llevar a la víctima a un centro hospitalario en posición lateral.

Más importante todavía, lo que no se debe realizar ante una quemadura es aplicar pomadas o cremas, dar agua, analgésicos o alcohol por vía oral, romper las ampollas, despegar la ropa o cualquier agente pegado a la piel, dejar sola a la víctima o demorar el transporte al centro hospitalario.

Por otro lado, un corte es una abertura o ruptura en la piel, que también se le conoce como laceración. El corte puede ser profundo, liso o mellado. Puede estar cerca de la superficie de la piel o afectar a tejidos más profundos. Cuando es profundo, puede afectar a los tendones, los ligamentos, los nervios, los músculos o los huesos.

Asimismo, una punción se trata de una herida realizada con un objeto puntiagudo, ya sea un cuchillo o un clavo, entre otros objetos. Este tipo de heridas afectan a las capas más superficiales de la piel, pero también al tejido más profundo.

Entre los síntomas como consecuencia de cortes o punciones destacan el sangrado, el dolor, la sensibilidad debajo del lugar de la herida, etc. En algunos casos se presenta infección, sobre todo en heridas y cortes más profundos.

Las heridas más propensas a resultar infectadas son las punciones, las mordeduras o picaduras, las lesiones por aplastamiento, las heridas sucias y las heridas que no se han tratado de forma inmediata.

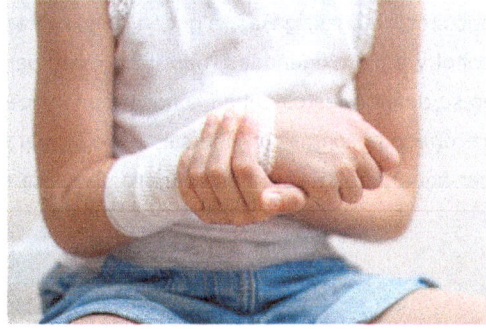

Fig. 23. Es conveniente utilizar gasas estériles para cubrir el corte y parar el sangrado

En lo que se refiere a la prevención de este tipo de heridas, las medidas que se deben seguir son las siguientes:

- Utilizar los objetos cortantes que hay en el hogar como navajas, tijeras o cuchillos con mucho cuidado. Hay que mostrar a niños y niñas como usarlos de una forma segura.
- Colocar los objetos cortantes fuera del alcance de niños y niñas.
- Proteger las esquinas de mesas y los muebles de cristal.

Por último, los primeros auxilios ante cortes son:

- Antes de tratar un corte hay que lavarse las manos con agua y jabón.
- Lavar la herida con agua y suero fisiológico para quitar la suciedad. Se debe hacer esa limpieza de dentro hacia fuera para evitar la entrada de gérmenes en la herida.
- Con una gasa estéril y un poco de desinfectante yodado aplicarlo sobre la herida.
- Tapar la herida con una gasa estéril sujeta con un esparadrapo.

En cuanto a la normativa vigente, en la actualidad se aconseja lo siguiente:

- La ley exige que todas las empresas dispongan de personal con formación de Primeros auxilios.
- Es absolutamente necesario disponer de un botiquín de primeros auxilios con tijeras, pinzas, apósitos, vendas, gasas, algodón, esparadrapo, guantes, toallitas, jabón, suero, alcohol y agua oxigenada. Todo debe estar perfectamente a la vista del personal o, en su defecto, estos deben conocer su localización.
- Si es posible se recomienda contar con una sala especial para primeros auxilios en los que debe haber agua potable como una camilla de descanso.

Resumen

En este módulo se ha realizado una descripción detallada de las medidas de seguridad e higiene a llevar a cabo en establecimientos de hostelería con el objetivo de proteger la salud y el bienestar, tanto del personal como de la clientela.

En primer lugar, se han especificado las medidas de seguridad que debe conocer el personal de establecimientos de hostelería, por ejemplo, el uniforme adecuado a utilizar, los accesorios que deben usar, etc.

A continuación, se enumeran las medidas que deben tenerse en cuenta en las instalaciones para evitar cualquier accidente, por ejemplo, comprobar las instalaciones eléctricas, organizar las áreas de trabajo, tener en cuenta los residuos y su organización.

Por último, se explica con detalle cómo es un Plan de Emergencias y como llevarlo a cabo en caso de que ocurra algún accidente.

Glosario

Alérgeno

Un alérgeno es una sustancia que puede inducir una reacción de hipersensibilidad en personas y animales susceptibles que han estado en contacto previamente con ella. Esta reacción de hipersensibilidad involucra el reconocimiento del alérgeno como sustancia "extraña", ajena al organismo en el primer contacto.

Bombillas LED

El acrónimo inglés LED (Light Emitting Diode) que en castellano significa literalmente "Diodo Emisor de Luz" es un elemento capaz de recibir una corriente eléctrica moderada y emitir una radiación electromagnética transformada en luz. Coloquialmente, es conocido como Diodo Luminoso.

Ecoeficiente

La ecoeficiencia es la ratio entre el valor añadido de lo que se ha producido y el impacto ambiental añadido que ha costado producirlo. Esta ratio puede usarse para comparar posibilidades.

Intoxicación alimentaria

La intoxicación por alimentos es una infección o irritación del aparato digestivo que se propaga a través de los alimentos o las bebidas. La intoxicación por alimentos suele ser aguda, y la mayoría de las personas se mejoran sin necesidad de tratamiento.

Protocolo HACCP

Inocuidad de Alimentos - Control Sanitario - HACCP. El sistema HACCP se basa en una serie de etapas interrelacionadas, inherentes al procesamiento industrial de alimentos, que se aplican a todos los segmentos y eslabones de la cadena productiva, desde la producción primaria hasta el consumo del alimento.

Ejercicios de autoevaluación

1. El personal de cocina debe:

   a. Mantener una actitud positiva con la clientela.
   b. Mantener el cabello recogido con un gorro o red para evitar que se caiga algún cabello en los alimentos.
   c. Realizar formaciones de atención al cliente.

2. Entre las prácticas de higiene personal más comunes a llevar a cabo entre el personal de cocina están:

   a. Llevar uniformes limpios, lavarse las manos de forma regular con agua y jabón.
   b. No fumar o comer ni beber en las áreas de manipulación de alimentos y tener las uñas cortas y limpias.
   c. Todas son correctas.

3. En cuanto al pantalón del personal de cocina:

   a. Es recomendable no llevar bolsillos para no meter restos de comida.
   b. No debe llevar cinturón en caso de que se produzca algún derrame, se puede quitar de forma rápida.
   c. Debe ser de color blanco.

4. Una de las ventajas de comprar productos de temporada es:

   a. Beneficios en las tiendas locales.
   b. Descuentos en cupones de comida.
   c. Se respeta el ciclo natural de la producción y se colabora con el comercio local.

5. ¿Qué es una intoxicación alimentaria?

    a. Un accidente que ocurre a la semana después de haber ingerido comida en mal estado.

    b. Un dolor de cabeza fuerte similar a la migraña.

    c. Una infección o irritación del aparato digestivo que se propaga a través de los alimentos o las bebidas.

6. Los residuos de los establecimientos de hostelería pueden:

    a. Contener muchos microorganismos.

    b. Ser depositados en cualquier lugar.

    c. Reusarse inmediatamente.

7. ¿Para qué es necesario un plan de prevención de riesgos laborales?

    a. Aumentar los beneficios económicos del local.

    b. Proteger la salud y el bienestar del personal.

    c. Proteger la salud y el bienestar del personal y de la clientela.

8. En cuanto a la ventilación en una cocina profesional:

    a. La acumulación podría dar lugar a una explosión, por lo que, es conveniente que la cocina esté ventilada y así se reduce el riesgo de incendio.

    b. No es necesario ventilar la cocina todo el tiempo, solamente por las noches.

    c. Se debe ventilar la cocina al comienzo de la jornada de trabajo.

9. Los residuos de aceite que se generan en un restaurante deben:

    a. Ser desechados por la fregadera.

    b. Ser recogidos por una empresa autorizada.

    c. Ser reutilizados en la cocina.

10. En cuanto a las medidas de prevención de accidentes, una de ellas es:

a. Mantener señalizadas las salidas de emergencia.

b. Disponer de agua potable en la sala de personal.

c. Mantener los ascensores activos en caso de incendio.

Aplicaciones prácticas

Aplicación práctica 1. Medidas de prevención

Módulo 1. Cocina al vacío como herramienta para mejorar la gestión del departamento de cocina

Uno de los fenómenos químicos que más ocurre en la cocina es la oxidación de los alimentos. Junto con la oxidación, también se produce el pardeamiento. En algunas ocasiones, al almacenar o cocinar se encuentran colores poco atractivos en frutas y verduras. Ambos fenómenos suceden en los alimentos y son producidos por diferentes causas y algunos de ellos se pueden prevenir.

Elabora un cuadro comparativo con las medidas preventivas que se pueden llevar a cabo para evitar que se produzcan estos fenómenos en los alimentos.

Aplicación práctica 2. Instrumentos para cocinar a baja temperatura

Módulo 2. Cocina a baja temperatura

La cocina a temperatura baja se realiza con una cocción por debajo de los 100 ºC. En la actualidad, son muchos los restaurantes que han vuelto a utilizar esta antigua técnica de cocina ya que existe nueva maquinaria y utensilios que ayudan a cocinar fácilmente usando esta técnica.

Elabora una infografía con imágenes que incluya algunos instrumentos que se pueden emplear para cocinar a baja temperatura y describe brevemente sus características y funcionamiento.

Aplicación práctica 3. Técnicas de primeros auxilios

Módulo 3. Condiciones higiénico-sanitarias, medioambientales y prevención laboral en cocina

Los primeros auxilios son los primeros procedimientos y técnicas que se proporcionan a personas víctimas de accidentes o víctimas de una dolencia repentina. Hay que destacar que no sustituyen la atención médica profesional, pero sí que son muy importantes para evitar que la situación se complique, y consiguen estabilizar a la persona hasta que llega la asistencia médica.

Dos de las técnicas de primeros auxilios más demandadas son la maniobra de Heimlich y la RCP, y el personal de cocina debe estar formado en estas prácticas.

Elabora una infografía detallada con los pasos a seguir para llevar a cabo estas dos técnicas de primeros auxilios.

Ejercicio de evaluación final

1. La refrigeración consiste en:

a. Reducir la temperatura de los alimentos a menos de -18 ºC.

b. Aumentar la temperatura de los alimentos en 10 ºC.

c. Reducir la temperatura de los alimentos entre los 0 y los 5 ºC para que las bacterias tarden más en multiplicarse.

2. El método que somete a un alimento envasado previamente a altas temperaturas para destruir los microorganismos es:

a. La pasteurización.

b. La esterilización.

c. La ebullición.

3. ¿En qué cosiste la liofilización?

a. Consiste en una congelación rápida y después, se calienta al vacío y se elimina el agua.

b. Se pasa de líquido a sólido.

c. Consiste en eliminar la humedad del envasado al vacío.

4. El ahumado:

a. Aplica especias y aceite de oliva en recipientes cerrados a alimentos.

b. Aplica humo sobre los alimentos y se evita la proliferación de microorganismos por medio del calor.

c. Consiste en reducir la temperatura del medio de cocción.

5. La técnica de pochar consiste en:

a. Introducir en aceite a una temperatura muy alta y así se cocinan.

b. Cocinar los alimentos en grasa y su propia salsa a una temperatura no superior a 100 ºC en una cazuela con tapa para que el líquido no se evapore y así, conservar los sabores y aromas.

c. Introducir el alimento en líquido caliente antes de que llegue al punto de ebullición y empiece a hervir.

6. Las bolsas de cocción son:

a. De un tipo de plástico resistente a las temperaturas extremas.

b. De un material similar al cartón.

c. De color negro.

7. Gracias a la etiquetadora:

a. Se fecha el producto envasado al vacío y la temperatura a la que se ha cocinado.

b. Se generan etiquetas de los productos de forma inmediata.

c. Se almacenan los alimentos de forma alfabética.

8. Para sacar las bolsas del medio de cocción se usan:

a. Las pinzas.

b. Las manoplas.

c. Los guantes.

9. Una de las ventajas de la mise en place es:

a. La desorganización de las áreas de trabajo.

b. El orden y la limpieza que transmite el lugar de trabajo a la clientela.

c. Una comunicación más eficiente entre el personal.

10. Ejemplo de merma natural es:

    a. Alimentos perecederos como frutas y verduras.

    b. Aparatos de tecnología.

    c. Objetos que se estropean en una cocina.

11. Las botellas al vacío se usan para:

    a. Conservar semillas.

    b. Conservar líquidos al vacío.

    c. Envasar gases.

12. El secreto para una buena elaboración de un plato es:

    a. La adecuada relación entre tiempo y temperatura de cocción.

    b. La relación entre tiempo utensilio utilizado.

    c. La relación entre el personal de cocina.

13. La técnica que se encarga de reinventar las recetas tradicionales en platos a baja temperatura se denomina:

    a. Pasteurización.

    b. Redescubrir.

    c. Esterilización.

14. La barbacoa que se usa para la cocina al vacío es:

    a. La normal de uso para las barbacoas que se usan en el jardín.

    b. Una barbacoa especial, cerrada con varias parrillas y de material resistente al calor.

    c. No se puede cocinar a baja temperatura en barbacoas.

15. La vaporera, se usa sobre todo para:

a. Cocinar verduras y pescados.

b. Hervir arroz.

c. Cocinar té.

16. Los lavavajillas profesionales:

a. Se encargan de dar brillo a la cristalería del restaurante.

b. Evitan la propagación de bacterias de los restos de comidas.

c. Aumentan el riesgo de intoxicaciones alimentarias.

17. El control de plagas en un local de hostelería debe incluir:

a. La inspección regular de las áreas sensibles.

b. La aplicación controlada de productos químicos.

c. Todas son correctas.

18. Es conveniente realizar un mantenimiento:

a. Preventivo y frecuente de los aparatos de cocina.

b. Una vez al año de los equipos de cocina.

c. Cada día.

19. Uno de los objetivos de los uniformes de trabajo es:

a. Asegurar la seguridad de la clientela.

b. Garantizar la seguridad del personal que trabaja en el restaurante.

c. Lavar la imagen del restaurante.

20. Es conveniente que el personal de sala use:

    a. Servilletas de papel al transportar líquido caliente.

    b. Servilletas de tela al transportar recipientes con líquido muy caliente.

    c. Bandejas de plástico.

Ejercicio de evaluación final

Solucionario

Módulo 1. Cocina al vacío como herramienta para mejorar la gestión del departamento de cocina

1. a	**6.** b
2. b	**7.** b
3. c	**8.** a
4. a	**9.** a
5. c	**10.** c

Módulo 2. Cocina a baja temperatura

1. a	**6.** c
2. c	**7.** a
3. b	**8.** b
4. a	**9.** b
5. c	**10.** a

Módulo 3. Condiciones higiénico-sanitarias, medioambientales y prevención laboral en cocina

1. b	**6.** a
2. c	**7.** c
3. b	**8.** a
4. c	**9.** b
5. c	**10.** a

Bibliografía

Webgrafía

Cómo conservar frutas y verduras al vacío

https://www.envaseonline.com/blog/post/como-conservar-frutas-verduras-vacio

Conservación al vacío

https://vueltayvueltacarne.es/conservacion-al-vacio-carne-ternera/

Consejos para ahorrar energía en los restaurantes

https://telosirvoverde.com/blog/los-10-mejores-consejos-ahorrar-energia-restaurante/

Consejos para gestionar el personal de tu restaurante

https://enlacocina.telemesa.es/gestion-administracion-restaurantes/consejos-para-controlar-al-personal-de-tu-restaurante/

Gestión de riesgos de emergencia

https://empresas.achs.cl/conoce-mi-gestion/gestion-de-tus-riesgos-de-emergencia

Guía de higiene para restaurantes

https://restauracionnews.com/2023/07/guia-de-higiene-para-restaurantes-decalogo-de-buenas-practicas/

La verdad sobre el envasado de IV gama

https://www.garridofreshmentoring.com/la-verdad-sobre-el-envasado-de-iv-gama/

Legislación de medio ambiente

https://www.eurofins-environment.es/es/legislacion-iso-14001-de-medio-ambiente-para-hoteles-y-restaurantes/

Bibliografía

Mantenimiento de equipos de restaurantes

https://www.posist.com/restaurant-times/mexico/mantenimiento-equipos-restaurantes.html

Mantenimiento y limpieza de equipos de cocina

https://blog.europan.mx/mantenimiento-limpieza-equipo-de-cocina-panaderia

Medidas de seguridad y normas de almacenaje en la cocina de un restaurante

https://www.traza.net/2021/05/21/medidas-de-seguridad-y-normas-de-almacenaje-en-la-cocina-de-un-restaurante/

Métodos de conservación de alimentos

https://www.terrafoodtech.com/metodos-de-conservacion-de-alimentos/

Mise en place

https://fishsolutions.pescanova.es/formacion-para-hosteleria/gestion-restaurante/que-es-el-mise-en-place-y-como-ponerlo-en-practica/

Nuevas aplicaciones del vacío en la cocina

https://www.bioecoactual.com/2017/11/21/nuevas-aplicaciones-del-vacio-la-cocina/
https://www.alambique.com/blog/cocina-vacio-cocina-baja-temperatura-n253

Oxidación de alimentos

https://foodandtravel.mx/sabes-por-que-sucede-la-oxidacion-en-los-alimentos/

Qué es la cocción al vacío

https://souvy.nl/es/blog-es/que-es-la-coccion-al-vacio/

Qué es la cocina al vacío

https://www.anahuac.mx/generacion-anahuac/que-es-la-cocina-al-vacio-o-cocina-sous-vide

Pardeamiento enzimático

https://www.vadequimica.com/vadefood/blog/todos-los-articulos/pardeamiento-enzimatico.html

Prevención de riesgos laborales

https://www.winterhalter.com/cl-es/blog-winterhalter/prevencion-de-riesgos-laborales-en-cocinas-industriales/

Primeros auxilios para hostelería

https://www.camarero10.com/primeros-auxilios-para-hosteleria/

Productos de limpieza

https://antayjesus.com/blog/los-mejores-productos-de-limpieza-para-restaurantes

Reciclar, reducir y reutilizar

https://www.pucp.edu.pe/climadecambios/noticias/como-reciclar-reducir-y-reutilizar-en-restaurantes/

Regeneración de alimentos

https://www.expomaquinaria.es/wpblog/2021/03/26/regeneracion-de-alimentos/

Reglas de higiene en la cocina

https://www.electroluxprofessional.com/la/10-reglas-de-higiene-en-la-cocina/

Restaurantes sostenibles

https://hablandoenvidrio.com/restaurantes-sostenibles-cuidar-planeta-desde-cocina/

Técnicas de cocina

https://www.recetasderechupete.com/tecnicas-de-cocina-tipos-de-tecnicas-culinarias/26537/

Técnicas y beneficios de la cocción a baja temperatura

https://www.elasadorentucasa.es/blogs/blog-el-asador/cocinar-a-baja-temperatura-tecnica-y-beneficios

Bibliografía

Temperaturas al vacío y tabla de tiempos

https://souvy.nl/es/blog-es/temperaturas-al-vacio-y-tabla-de-tiempos/

Uniforme para restaurantes

https://www.theforkmanager.com/es-es/blog/uniforme-pieza-clave-gestion-restaurantes